中国传媒艺考

MEDIA ARTS

第1辑

中国传媒大学出版社
·北京·

沐朝阳而浴春风

写在《中国传媒艺考》出版前

学生未来要选择的传媒类专业，已经渐渐发展为一个行业，并且是一个很大且很有发展潜力的朝阳产业。选择艺考，如沐朝阳而浴春风，是天时地利人和的绝佳选择。

艺术包罗万象，源远流长。在文化的母体中，美术与舞蹈延长着人们的视觉空间，音乐与戏剧充实着大众的听觉世界。艺术，让实现生活温饱富足的国人，体味到了实用之外的“有意味的形式”。

电影、电视、广播、网络等大众传播媒介，作为近百年科技与文化的结晶，以其生动的展示形象、便捷的传播模式，迅速成为艺术殿堂里的新成员，更是为传承文化、播种文明、沟通社会和丰富生活提供了重要工具及全新平台，并且造就了一个具有发展潜力的行业。

高考是为国选才的重要途径。艺术高等教育的选拔、培养模式，因书画经济、文化服务、设计产业等文化产业进步的需要，国民精神层次亟待提升的需要，以及文艺工作岗位发展的需要，从十几年前的精英模式，已经转变成当前的普遍型、应用型模式。这种转变，使艺术高考培训俨然成为最近几年的一个重要的社会现象。

传媒，是继“传播”、“新闻”等词汇出现之后产生的一个新名词，而它的出现意味着一种新的思维、新的模式的开始，它整合了传统的广播影视乃至所有文化传播渠道的资源，以滚雪球般的黏合度与吞噬力迅速发展，成为“新闻”“媒介”“管理”“传播”“媒体”“中介”“创意”，甚至“文化产业”“创意经济”的代名词，它既隐含着文艺研究、文化传播的阳春白雪，也包含着信息传达、舆论导向的无冕骄傲，还戴上了创意无限、经济转型、朝阳产业的耀眼皇冠。

因此，传媒与艺考偶然的碰撞，便成为必然的轰鸣。偶然，是学科外在丰富发展的阶段性需求；必然，则是产业和社会的内在迫切的长期性需求。

传媒艺考的早期专业，如文化管理、艺术史论、戏剧影视文学等传统专业，一度是艺术院校的另类，正如早期传媒学生的自嘲：“比文化我们不如北大清华，比艺术我们不如音乐、舞蹈、美术学院，但要论综合能力，我们谁也不怕。”这既有对人类基本学科知识的掌握与尊重，又需要有对边缘交叉、综合的新文化、新技术、新领域的敏感乃至痴迷，它是艺术与科技、历史与美术、艺术与经济的嫁接。

其实，任何时代都需要一群能够一定程度的驻足而视的人和团体。放慢脚步，不是落后，而是发酵，是重新思考，是为了升华和更高级的跳跃而做的准备，因为历史发展到一定阶段，是需要消化的。早些时候，某些领域的发展风驰电掣，到了现在，这些领域的横向蔓延、纵向深化就成了时代的责任。

我们这个时代，文化创意被空前重视，传统经济形态急需文化创意的升华，我们应以传媒行业的广度优先原则和新锐视角为出发点，整合所有传统文化、艺术，乃至自然、社会科学领域的资源，将传媒行业发展壮大。传媒行业发展的空间很大，路还很长，新专业的开设、已设专业的优化、人才选拔机制的完善、人才培养体系的构建等等这一切，都不是由一所高校，一个培训机构所能够简单完成的事。所以，传媒艺考是大家的事，是整个社会的事。

对于学生，我想说，传媒艺考，没有不适合，只有不了解。

对于培训机构，我要说，做传媒培训，要有情怀，有担当；传媒培训，是产业，更是事业。

对于高校，我想说，对于已设专业，请做好教学，别误人子弟；对于未设专业，我的希望：科学规划，目光长远。

对于明天，我想说，那必然是阳光灿烂！

是为记。

赵海卫
2016年3月

目录 CONTENTS

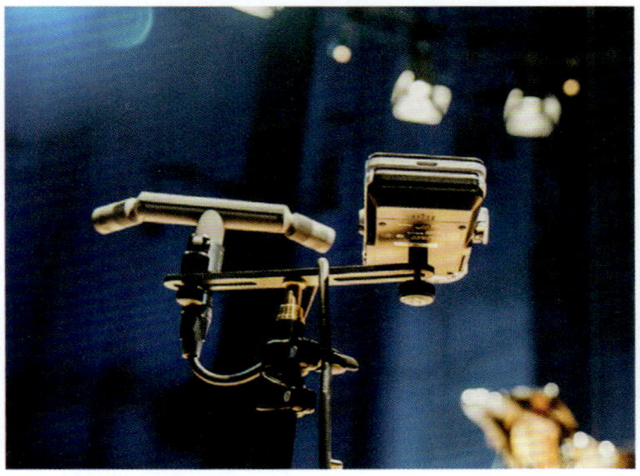

言由心生的表达
——访中国传媒大学播音主持艺术学院教授付程

采访者(以下简称采)：中国传媒大学对于播音与主持艺术专业学生的考查是基于什么标准呢？

付程（以下简称付）： 长期以来，“有声、上相、内涵深”一直是我们选拔播音主持专业人才的总体标准。“有声”是指普通话标准，声音圆润，语言的感受能力和表达能力强；“上相”并不是单纯的漂亮，是指形象端庄、气质高雅，身材、身高条件都比较好，通过电视屏幕看起来端正，没有明显的缺陷。关于“上相”这个问题，我跟张颂老师曾讨论过一个八字方针的标准，“正气、大气、灵气、雅气”，其中“正气”就是指端庄，符合我们中华民族大众的审美，“灵气”是指在话筒前反应机敏，应变能力强。“内涵深”是指通过有声语言表达、形象展示以及考试的各个环节，表现出比较高的文化素养。虽然播音专业考试没有笔试，但我们还是非常重视考生的文化素养的。

采：具体标准是什么呢？

付： 具体的标准嘛，第一，标准、规范的普通话语音。在普通话的声、韵、调，轻重格式、语流音变等方面都要符合普通话的规范，语音面貌要好。中国传媒大学播音与主持艺术专业的本科毕业生毕业时都要通过普通话一级甲等。因此，报考播音与主持艺术专业的考生的普通话语音面貌应该是标准的、规范的，具体地说，其语音面貌不能低于一级乙等的要求，不能存在明显的方音和系列性的语音问题。对于普通话语音面貌方面，我们是实行一票否决的，如果语音面貌太差，其他方面表现得再好，恐怕也不行。第二，发音器官健康、有效。发音器官不能存在先天缺陷和整体上不利于发音、发声的情况。第三，声音条件好。“好声音”的判别标准是，清晰、集中、圆润、通畅、松弛，还有持久。发音时口齿要清晰，不存在吞音、吃字；集中，是指发音具有一定的结实度和明亮度；圆润，是指声音悦耳动听，给人和谐的美感，这是我们考查学生声音最核心的要素；通畅，是指声音气息状态好，声音饱满，没有明显的挤、压、捏、抻的感觉；松弛，是指发声的状态松弛，不僵、不憋、不挤，但是放松也要辩证地看，并不是指松懈，而是一种适度的紧张；持久，是指发声要有持久的能力，嗓子再好，说几句嗓子就哑了也是不行的。第四，具备较好的有声语言的感受能力和表达能力。短时间内能正碰到不会答的问题，老老实实地跟老师说，这个问题我不知道，您能不能换个问题。这个时候往往答不答得出来已经不重要了，反应和状态，是否机敏就体现出来了，很有礼貌并且表达出了积极回答问题的意愿，这样的考生一般都会给老师留下很好的印象。

确理解稿件，有感而发地表达清楚，不论是自我介绍、稿件播读还是评论，都不是机械地念、干巴巴地读。考生应具备透过文字语言表面感悟文字语言深层意蕴的能力，对所播和所说的内容都应做到有感而发、情动于衷，声情并茂地表达，做到言之有物、言之有感、言之有序、言之有声、言之有色、言之有味，具有较强的感染力。第五，敏锐的思维能力和应变能力。能够较好地驾驭不同体裁、不同的语言样态。根据稿件内容找到一种适合的有声语言表达样态，播读散文或者寓言，人物的对话更贴切，寓言故事的讲述更绘声绘色……不同稿件都要表达得很生动。第六，较好的形象、气质条件和综合文化素质。整体形象落落大方，通过荧幕能够散发出一种亲和力。总之，考生通过各项考试要能够体现出较出色的综合文化素质和可持续发展的专业潜质及可塑性。

采：传媒大学播音专业对于南北方学生的选择有没有差异呢？

付：没有明显的差异，就是按照标准来衡量。北方同学的普通话基础好一些，南方同学在气质方面更为细腻，关键看是否具有可持续发展的可塑性。另外有一点要提醒考生注意，往往北方的一些同学，例如东北、河北、内蒙古、陕西、甘肃等省份的部分同学对于普通话的认识存在误区，他们认为自己说的就是标准的普通话，其实这是误解。标准的普通话是北京语音，但由于他们都是北方方言，跟北京话是同一个词汇系统，差别不大，所以产生了这样的误解。越是差别不大的学生，改正起来就越难，所以，北方同学在语音面貌上千万不能大意，必须按照标准的北京语音来学习。

采：播音系报名条件，要求男生身高一般不低于 1.75 米，女生身高一般不低于 1.65米。无色盲，无夜盲，五官端正。为什么有这样的规定？这是硬性规定吗？

付：原本我们并没有身高的规定，是因为电视台等用人单位来选人时有他们的要求，主持人需要出镜，所以要求身高，于是我们就大致规定了一个标准。事实上，我们更看重综合和整体的感觉，如果身高真的只差一二厘米，其他方面都表现很好，我觉得从我们选拔人才方面来说，也不能将学生拒之门外。但是如果其他方面也表现一般，身高又不够，那我们考虑的可能性就不太大了。无色盲、无夜盲，是考虑到如果有这些问题，以后工作起来也会有影响，五官端正当然就是考虑到上镜的问题了。

采：专业考试的初始就是面试，其中包括回答考官提问。请问考官会问到哪类问题呢？有什么独特之处吗？

付：我们的问题都是很随机的，并没有准备什么题库。设置这些问题的主要目的是了解考生的专业潜质和综合文化素质，大家没有必要把过多的注意力放在这里。有一点很重要，就是考生回答问题的状态，比如，老师提问一个问题，如果这个问题考生不清楚、不知道，就会出现几种情况：第一种，紧张，该有的正常状态也没有了；第二种就是明明不知道还硬扯，牛头不对马嘴；还有个别考生遇到不会的问题就不吱声了，把头一闷……这几种状态都不会给老师留下很好的印象。正确处理的方法应该是，碰到不会答的问题，老老实实地跟老师说，这个问题我不知道，您能不能换个问题。这个时候答不答得出来往往已经不重要了，反应和状态，是否机敏就体现出来了，很有礼貌并且表达出了积极回答问题的意愿，这样的考生一般都会给老师留下很好的印象。

采：面试中有稿件播读并评述，具体要求和评价标准是什么？什么样的回答老师更青睐呢？

付：一般稿件都是叙述性的。播读的要求，首先要正确理解稿件的现实意义，通过事实看到思想意义，读的时候有感而发，而且要有一定的态度。清楚、比较流畅、吐字清晰一点就可以了。至于评述，会给考生准备时间，我给考生们的建议是，拿到稿件要从积极的角度去理解，所述观点要符合主流价值观和正确的思想意识。老师也会通过你的评述来判断你的价值观和思想意识，因为播音员和主持人都在喉舌部门，什么能说什么不能说，考生的脑子里要有根弦儿，这时一般不要追求标新立异，或一味张扬个性。评述实际上就是做一个口头的、小的议论文，先确定一个观点，然后围绕这个观点再想几个论据。可以采用述评的方式，边述边议，用几句话把事实概述一下，再提出你的观点，从几个方面展开论述，最后再总结，这样条理就会清晰些。还有一点，有些同学在考试时容易紧张，切记不要出现卡壳的现象，我的建议是，同学们每个观点可以准备一两个例子，真的忘词了就可以说准备好的例子，利用这个时间迅速整理思路，不要试图把准备的漂亮话全说出来，这是不可能的，评述就是为了考查学生即兴的语言表达能力，千万不要去背。

采：初试和复试中均有指定稿件播读的考试内容，这两个有什么区别？如何才能脱颖而出呢？

付：功能不一样。初试的指定稿件一般是以叙述性为主的稿件，也可能是一篇不完整的稿件，短时间准备然后读一下，考察考生的基本素质，便于老师更快地了解学生。复试的指定稿件，有点儿专业性的要求，一般是社会新闻，这个新闻会让学生有话可说，便于评论。建议考生一定要紧紧围绕这个稿子的内容，先将稿子概述一下，然后再谈观点。我们虽然要有主流价值观的意识，但也不要一味追求高大上，造成假大空，而是谈实际感受，只有根据实际感受才能谈出态度和感情，最后再归纳总结一下。准备五句话，开始“语不惊人死不休”地提出观点，加上三个分观点，最后进行总结，“编筐编篓全在收口”，把它升华一下，点点题，言简意赅。

采：为什么考试内容中没有出现自备稿件播读呢？

付：这主要是为了考查学生拿到稿件快速的驾驭能力和现场的应变能力，这个要求更高了。虽然考试中没有自备稿件播读，但是大家在平时学习和练习的时候，自备稿件还是要练的，因为考生可以通过练习来提高熟练表达的能力，有稿的练习和表达是非常重要的，这需要占很大的时间和比重。

采：播音专业的艺考生在准备自备稿件时，经常选用“齐越节”或者“夏青杯”的作品，对于自备稿件的选择，您有什么更好的建议吗？

付：选材很重要。我不太建议选择经典作品，经典作品一般都是博大精深的，作为学生很难准确地表达。稿件要选择一个自己感兴趣的，从形式上讲，我建议最好选择一篇叙事散文，有一个感人的情节，能够给你带来感动，也容易打动别人。

采：报考时考生需要确定专业方向，新闻播音报考人多，娱乐主持报考人少，您怎么看这种现象？对于学生选择专业方向您有什么建议？

付：选择专业方向要根据考生自己的兴趣和喜好。如果喜欢播音状态的表达，比如新闻播报、时政节目的主持就选择新闻播报，

> 我建议学生不要去模仿，因为模仿不是创造。因为最好的表达，是自然的、舒适的。

喜欢综艺性、文艺性的就报娱乐主持，但这并不是绝对划分，进入学校都会学习的。专业方向划分的初衷是为了培养某一方面能力特别突出的人才，使他们的特长得到更好的发挥。因为我们的培养目标定位是国家级、省级广电等媒体的播音主持专业人才，所以对专业性的要求高一些。我们培养的学生在普遍掌握播音主持基本技能的同时，还要有自己的强项，这就是“一专多能”。一专多能是一个综合的概念。广义的一专多能是指所培养的人才既能从事播音与主持艺术专业的工作，也能从事编辑、记者，以及节目制作的工作。狭义的一专多能是指在播音与主持艺术专业内部，在突出某一专业强项的基础上，既能从事广播播音，也能从事电视播音；既能播音，也能主持；既能进行有稿播音，也能从事无稿播音；既能完成新闻类节目的播音，也能主持晚会、专题类节目。一专多能的含义是多层次的、立体的，这样的培养使学生在各个领域都能有用武之地。

采：有些考生在考试时，从服装到发型，甚至在发声特点上都模仿知名主持人，常有“小XX”的感觉，考官面对这样的考生时是怎样评价的呢？

付：我建议学生不要云模仿，因为模仿不是创造。考生要把握住自己学生的身份，不是主持人，没有经验的积累，学台里的主持人，反而假、做作、不自然，因为最好的表达，是自然的、舒适的。

采：对于服装和造型考生需要刻意准备吗？有什么要求？

付：不要刻意准备。适当地注意一下，但是不要在这方面投入太多的时间和精力，因为老师想要看到学生的本色。发型整齐一点，穿个衬衫，再加一个职业装就好了。

> 考试紧张是常态，适度的紧张可以更好地集中注意力，考生们应该把考试看成一个展示自己的机会，真的在考试中遇到读错、打个结巴都不要紧，出现问题的时候就看考生的应变能力了。

采：有些考生在参加艺考前，就参加过许多中学生的播音主持人大赛，还获得了不错的名次，这样的经历会不会在艺考中给考生加分？对于这些比赛您怎么看？

付：参加过这些比赛的学生素质一般都比较好一些，特别是得过名次的，所以考生在介绍自己的时候，可以将这些获奖经历告诉老师，肯定会受到重视，至于会不会加分并没有硬性规定，最主要的还是看考生现场的表现。

采：我们了解到您长期主讲“播音主持概论”“播音主持创作基础”“播音主持专业教育与教学法”等专业课程，对播音行业有着深入的研究，请您给将要报考播音与主持艺术专业的考生一些建议。考生应该做哪些准备呢？看哪些书籍？或者平时训练的小技巧有哪些？

付：首先，考生要检验自己是不是真正热爱这个专业，发自内心地喜欢，考生只有真正热爱，才有可能学好，才有可能成才，千万不要受到功利性因素的驱使。第二，考生要看自己是否具备相应的条件，普通话标准、声音圆润动听、形象气质好、感受能力和表达能力强，具有驾驭各种不同体裁稿件、节目的能力，应变的能力等。

适当的准备和练习是必要的，但是要适可而止。有些同学花费了太多的精力和时间得不偿失，我们考查的是学生的基本素质和可塑性。条件好的学生，每周几个小时，有两三个月的时间准备就行。我建议同学们将专业学习和练习作为平时文化课学习的一种调剂，高中生还是要把主要的时间和精力用在文化课的学习上面，因为一个好的高考成绩才是基础。

采：考生需要注意的考试的细节有什么？

付：大方、自然、得体、谦虚、谨慎、朴实、有礼貌这些都需要注意。礼貌很重要，进去时跟老师问个好，走的时候跟老师道个别，这些细节反映了考生的素质。考生从开始进入考场，每一个言行都在老师的考查范围之内。认真听好老师的问题，听清之后仔细想一想，用最简洁的语言总结出答案。考试紧张是常态，适度的紧张可以更好地集中注意力，考生们应该把考试看成一个展示自己的机会，真的在考试中遇到读错、打个结巴都不要紧，出现问题的时候就看考生的应变能力了。

采：传媒大学对于播音专业学生的培养目标是什么？学生进入这个专业后，理论学习和专业实践的比重如何？课程设置如何？

付：本科的培养目标，是为中央和各省级广播电台、电视台和其他新闻宣传、节目制作单位，培养复合应用型的播音主持人才。在校4年共学习50多门课程。这些课程既包括中文的主干课程，又涵盖了新闻学、艺术学的骨干课程，还设置了特色鲜明的专业课程。做到理论与实践、讲授与训练、大课与小课、第一课堂与第二课堂的相辅相成，突出因材施教，分类指导。

采：请付老师最后赠予考生们几句话吧。

付：好。言为心声，有感而发，以情带声，声情并茂。将这4句话送给考生们吧！

采访编辑与付程老师合照

付程

中国传媒大学播音主持艺术学院教授，曾任学院副院长，播音系主任，中国高教学会播音与主持教育委员会执行理事长。

讲授课程：长期主讲“播音主持概论”“播音主持创作基础”“播音主持专业教育与教学法”等专业课程。

学术专著与论文：主编《实用播音教程》，《中国播音学》主要撰稿人，出版著作《播音创作观念论》《播音主持教学法12讲》，发表专业论文数十篇。

获奖情况：论著、论文、承担科研项目和教学成果多次获国家、部、校级奖项，专业实践作品多次获国家政府奖、“五个一”工程奖，被授予国家广电总局百优理论工作者称号。

用真诚的态度敲开梦想的大门

——访中国传媒大学摄影系教授梁明

采访者(以下简称采)：中国传媒大学摄影系对于学生的考察标准是什么？更喜欢具有哪些特质的学生呢？

梁明(以下简称梁)：我们完全按照考试的标准，考察考生的文化素质和艺术修养，以及摄影艺术方面的基本知识储备。因为美术跟摄影有着很大的兼容性，所以我们特别想要一些具备美术功底的学生，这样的学生学习摄影之后往往都会有比较好的发展。

这是一个综合考试，考生不必一味追求专业术语，套用写作模板，真正拿过相机拍过东西的学生自然而然地就会流露出来。

采：您对准备报考摄影系的考生们有什么要求呢？

梁：每年报考的学生有很多，但我们的名额只有30个，所以我们只招收最好的。我们对文化课的要求越来越高，注重考生的文化基础，我们要的是高、精、尖人才，所以希望考生要下够功夫。有美术基础的考生更有优势，因为学习摄影进入得会更快，或者没有美术基础但是在摄影方面有才华也是可以的。

采：往年影视摄影与制作专业分为影视摄影与制作（影视剧摄影、图片摄影）、影视摄影与制作（照明艺术）、影视摄影与制作（光环境设计）3个方向，今年有什么变化吗？

梁：是这样，根据上级的要求，今年会有些变化，比如摄影与制作专业往年是有不同的这几个方向，今年要求不同方向都要按照同一种方法考试，所以我们会相应调整考试方案以适应不同方向的专业考试要求。考试方案还在商定，一切还是以2016年的招生简章为准。照明艺术和光环境设计两个专业方向已经从摄影系划分出来，它们将作为照明系的两个专业方向来进行招生。因为摄影需要照明，照明也属于摄影的一部分，所以过去我们将照明艺术放在摄影系来招生，现在我们将专业方向划分得更细致了，明确了照明与摄影的关系，照明艺术也从过去的影视照明发展到涵盖戏剧舞台照明和演播室照明，2014年开始，我们又加入了一个光环境设计方向，所以今年有了这样的变化。

采：根据2015年的招生简章来看，摄影系3个专业共招65名学生，今年会不会扩招？有没有男女比例的限制？

梁：不会扩招，教育部对招生人数有明确规定。我们本着公平竞争的原则，严格按照录取要求，没有男女比例的限制。

采：影视摄影与制作（影视剧摄影、图片摄影）专业的报名条件，要求男生身高一般不低于 1.70 米，女生身高一般不低于 1.60 米。无色盲，无色弱，矫正视力 5.0 以上，无平足。影视摄影与制作（照明艺术）、影视摄影与制作（光环境设计）专业要求男生身高一般不低于 1.70 米，女生身高一般不低于 1.60 米。无色盲，无色弱。为什么有这样的规定？这是硬性规定吗？

梁：目前这是我们的硬性规定，身高、视力都有要求，这是摄影专业本身对学生的要求。我们会组织学生测试视力，检查色盲、色弱，但是随着社会和科技的进步，比如通过激光手术可以矫正视力，我们也逐渐放开了一些限制。同时我们组织面试，也是对于学生自身条件考查的一个补充，如果学生真的足够优秀，在身高上只差一二厘米，我们也可以适当放宽要求，会综合考虑。

采：像影片分析、设计能力测试这些考试内容考生在中学没有专门训练过，是出于什么样的考虑来安排这些考试科目呢？

梁：这些都是基本的考试内容。设计能力测试主要是光环境设计方向。如果想学影视，肯定要对电影感兴趣，安排影片分析，第一考查文字能力，文笔如何，第二考查学生对专业了解程度，我们不要求考生是一个专业人士，但要有基础的摄影知识储备。如果想要从事这个专业，那一定要在这方面下功夫，我们专业考试的目的就是要选拔有一定基础的学生。

采：我们摄影系的影片分析跟其他专业考试中的影片分析侧重点有什么不一样吗？

梁：总体上的理念都是一样的，就是一个文化和艺术修养的基础考试。这是一个综合考试，考生不必一味追求专业术语，套用写作模板，真正拿过相机拍过东西的学生自然而然地就会流露出来。这个考试没有那么硬性，它是一个软性的，但是软性的却是挺准确的。

采：对于学生在面试中展示的个人作品，老师们更欣赏哪种呢？是摄影作品还是美术作品？

梁：摄影作品和美术作品都可以，因为美术和摄影是相通的，很多摄影的语言都是从美术借鉴过来的，比如色彩。摄影是以美术为基础的，如果考生有美术的基础，学习摄影是一件特别好的事情。摄影作品相对好一些，因为通过摄影作品，老师可以看到考生是不是真拍过，以及拍摄水平，是随手拍出来的，还是经过了深思熟虑，有构图、有光线追求，稍微有点儿专业性质的作品。但是，奉劝考生千万不要作假，拿了摄影家的作品我们能一眼看出来，就算看不出来，问一两个问题考生也会露馅。相比作品的好坏，我们更重视诚信，拍得没有那么好也没关系，对于中学生的要求不会太高，通过作品让老师看到考生的真实水平。另外，因为考生多，面试时间有限，通过考生的作品能够更快、更准确地了解考生，这是跟老师接近最快的方式，所以希望考生参加面试时一定要带着自己的作品。

采：有些学生担心一个问题，面试时间的长短是否代表老师的评价呢？

梁：这不能一概而论。时间长短不会有太大的差别，招生简章规定5~10分钟，但通常都会给到10分钟甚至以上，因为时间太短不够了解学生，时间我们一定是给够的，说不出来我们会启发考生。

采：有的考生是以操作能力见长的，可能在语言表达能力上有些欠缺，他们在面试这一关上是很吃亏的，可能就因为表达上的欠缺而与这所著名的学校失之交臂，那么我们系又是怎样对待这种情况的呢？

梁：学摄影是要接触大自然，接触人群的，摄影最主要的就是拍社会场景，摄影一定要到大自然中去，到人群中去，到社会中去，所以作为摄影师必须要有交流能力，面试就是为了考查学生的这样一种能力。

采：我们系与其他艺术院校的摄影系有什么不同呢？那跟电影学院的摄影系相比呢？

梁：确实由于世界文化的不断爆炸，开摄影专业的学校越来越多，现在大概有六百多所大学都有这个专业，当然有摄影系的没有这么多。电影学院是从50年代开始，就是为培养电影摄影的人才而设立的。这是最老牌的一个学院，我也是电影学院毕业的，我觉得他们确实从教学到培养人才，成果都是有目共睹的，这么多年，特别是第五代家喻户晓的导演，都是从电影学院毕业的。那么传媒大学呢，摄影专业的历史比较长，也是从50年代开始的。我们跟电影学院基本上没有什么区别，招收的学生和未来培养的方向都是一样的，我们只是把图片摄影和影视剧摄影放在了一起。像是浙传、南广、河北传媒、四川传媒这些专业院校，摄影系学生的招收和培养都大同小异。

梁明

中国传媒大学教授、博士生导师、摄影系主任，中国影视摄影师学会副会长，北京市十佳电影工作者。毕业于北京电影学院摄影系78班，毕业后留校任教，同时从事故事片电影创作。1990年获全奖赴美国芝加哥艺术学院电影系攻读研究生。在美曾创办华夏电视台，任台长、总编导。中国电影家协会理事、中国电影导演协会会员、北京电影家协会理事、中国摄影家协会会员、中国电视艺术家协会会员、《当代电影》杂志编委。

创作作品：**《两个人的芭蕾》《五颗子弹》《亲兄弟》《女帅男兵》《黑眼睛》《棒球少年》《背水一战》、《荷香》《黑楼孤魂》《结婚七年》《远古猎歌》等。**

获奖情况：**被北京市文联授予“繁荣首都文艺事业突出贡献者”荣誉称号；《两个人的芭蕾》获中国电影金鸡奖最佳摄影奖；《黑眼睛》《女帅男兵》《背水一战》等多部影片获中国电影华表奖和“五个一”工程奖；获第十届中国长春电影节金鹿奖最佳摄影奖。**

采：您觉得，对于考生来说，是应该系统地把摄影方向的书看一看，还是应该杂学旁收呢？

梁：我觉得考摄影首先要对摄影特别感兴趣，这是一个特别重要的事，要热爱这门艺术，如果热爱它，就一定会关注它。我们两个方向，影视剧摄影和图片摄影，区别还是蛮大的，如果你对影视剧摄影感兴趣，那么多关注影视、电影方面，图片摄影属于美术学科，所以准备的时候还是有差别的。

采：那一般学生考进了摄影系，在学习当中是理论学习多还是实践多呢？

梁：都有，理论加实践。摄影就是一门动手的学问，学科与术科兼具。学科是理论和思想，术科是要动手去做，既要有文化知识、有思想、有情感，还要有动手能力，能够真正实操，因为摄影是一个要求很高的学科。只有术科那就是一个匠人，不是艺术家，我们培养的不是这样的人，我们培养的是电影艺术家。

采：毕业生的就业是怎样的情况呢？

梁：就业非常好。现在是一个视觉大爆炸的时代，对于摄影师的需求特别大，商业、广告、宣传、传媒、影视等等各个领域都需要摄影师，好的摄影师供不应求。

采：请老师最后赠与考生几句话吧。

梁：第一，你要热爱摄影这门艺术，对它充满了崇敬，顶礼膜拜，要有真诚的态度，你要肯学习、能吃苦，你一定要是一个优秀的人才；第二，如果你真有这个梦想，通过你的努力，你就一定能实现你的梦想！

戏剧教育的本质是人格教育
——访上海戏剧学院导演系教授张金娣

采访者（以下简称采）：张老师您好，非常感谢您在百忙之中接受学生的采访。

张金娣（以下简称张）： 老师应该尽全力支持学生的工作，再说这是一件有意义的事。

采：那我们开门见山吧。您是上戏导演系的老师，您认为报考戏剧学院导演系，需要具备的基本素质有哪些？

张： 老师的目的不是看学生已经掌握了多少，而是为了今后培养他们，所以老师会非常看重考生的潜质。我所谓的潜质大概分为两个部分，一是专业素质，二是个人品德。

采：那就请您详细地给我们解释一下好吗？

张： 好的，让我归纳一下。专业素质包括四个方面。第一，是要容易感动。艺术是要有感染力的，是研究人的情感的，如果这个学生不容易被感动，那么以后做这个专业就很有障碍了。第二，是要有热情。戏剧最终反映生活，生活要有热情。内心的东西会影响到兴趣，兴趣的力量是巨大的。热情会带动兴趣，兴趣之后就会转换为创作的欲望。热情能关注社会、关注生活、关注人。但是热情并不一定是表露在外面的，有的孩子从外表上看好像很冷，但内心是充满激情的，这样的考生老师也会比较喜欢。第三，我觉得是知识面。报考导演系的考生知识面相对其他专业来说一定要广，“演”本身就是杂家，也许不需要什么都精，但是什么都要懂一些。从以往的考试来看，如果一个考生的知识面很广，那么他其他方面的素质也差不了。

采：所以我们上戏导演系的二试中安排了知识面问答这一环节。

张： 对了。虽说知识面问答只占10分，但是如果考生只答对一两分的话，那么这个孩子我们很可能就不要了。

采：如果这个考生其他专业成绩都非常好，唯独知识面问答就是发挥得很差，老师们就真的不要他吗？

张： 很可能，设这一环节就是为了检测考生的知识面，一问三不知的以后怎么当导演呢？

采：那看来知识面确实是专业素质中不可缺少的一项，张老师您请接着说。

张： 专业素质中还有最后一个方面，就是较强的思考能力和语言表达能力。思考能力主要在小品构思中展现，语言表达能力就是在面试中展现，比如我们会给你一幅画让你描述一下画的内容和自己的感觉，最后给画命名，通过此环节来看考生是否能够准确地把心里想的东西表述出来。接下来我再说说考生的个人品德，也是"潜质"第二大部分。如果考生真实、真诚、善于与人沟通，那么老师就会比较看好他。这也就是我说的个人性格中最重要的三点了。一是一定要真实，不要矫揉造作。因为艺术作品就是用真实来感动观众的，无论是什么形式，用什么渲染方法，艺术的本质是真实的。再说真诚吧，这是人的品质，也是一种考试态度，考生可以做得不够好，但是一颗真诚、热忱的心一定会感动老师。不是来走走过场，考考试试。二是真的有兴趣，有努力的欲望，有对老师的尊敬，有对艺术的追求和向往。真诚的人做出的作品才是有感染力的。三是与人沟通的能力，这是考导演的孩子应该要具备的。导演，今后就是要与各个部门协调工作的，所以组织和协调能力一定要强。

采：张老师，简章上对于导演系初试、复试和三试的内容已经介绍得很详细了，初试为（1）朗诵（2）自备节目（3）命题集体小品；复试为（1）命题小品（2）面试：综合素质测试；三试为（1）命题编讲故事（2）面试（3）笔试：作品分析或命题创作。您能否具体介绍一下这些内容考生该如何去准备才能在考场中拔得头筹？

张： 那我们就一项一项来说吧！

采：那当然最好了！

张： 朗诵的选材很重要，不要选难度太大的文章，首先是自己要理解。导演系很注重理解力，主要看解读能力而不是朗诵技巧，在懂的基础上如果情感到位、音色优美、形体动作协调当然是会加分的。建议选择小说和寓言，不建议选择诗歌。有些孩子选择了一样的作品，甚至几个考生是同一个老师辅导的，这些都没有关系，但要有自己的理解，真的理解了、懂了没有，我们是看得见的，从眼睛（观察），考生无法掩藏，有自己独特见解和表现力的孩子就会显现出来。再说即兴的集体小品。集体小品是老师现场出题，所有考生准备几分钟就上场的群像小品，目的是看每个人最本质的东西，看考生能否理解老师的意思，能否在规定情境下积极地寻找动作，最重要的是动作要合情合理。只要在规定情境下那样做是合理的，就算你从头至尾纹丝不动，一言不发，老师照样会发现你。再就是不要模仿别人，比如说赵本山啊，很红了吧，有些孩子就喜欢模仿这些明星，再就是模仿看过的小品啊电视剧啊……这些是素材，不是成品。

采：张老师，有些学生特别愿意抢戏，老师是不是很反感这样的考生？

张：一般来说是的，表现太突出了，太想强调自己了，丢掉了规定情境和行动，并有出风头之嫌就不好。但只要你抢得有道理，在生活情理之中。老师当然喜欢会突出自己的孩子，关键是把握好尺度。不要胡乱抢戏，我要强调的是“在规定情境下积极地寻找动作”。下面来说小品——切忌胡编乱造。（1）要从自己喜爱的生活中来，要有感受。（2）要有独特的视角。（看似）很平淡，但注意力很集中，表演得很投入也是好的。要有独特的思考、敏锐的想象力和艺术敏感性。小说改编的小品构思老师基本不会考虑。

采：张老师，比如现在有两个考生，一个思路很活跃，构思很新颖，但是表达起来或者演起来都稍弱一些；另外一个构思很平庸，但是表达能力和表演能力都很强。老师会选择哪一个？

张：要综合来看。老师喜欢很有灵气的学生，但灵气这个东西很难解释。构思要巧妙，并不代表是多么重大的一件事情，多么深刻的一个主题。事情可能很小，但别人没有注意到而我注意到了；事情可能很平常，但大多数人习惯那样去表现而我却这样去表现。一个高中生的生活圈子就那么窄，生活经验也不会多么波澜壮阔，阅读量再大也就那么大，窍门就是在已有的记忆仓库里提炼有意思的东西，有感而发，多观察，多体悟。哪怕你是听来的故事，你也要讲得津津有味，要有艺术的想象。天分这个东西不可能有标准，所以前面我们讲感悟，讲热情。不会思考的人很难成为导演。

采访者：我觉得导演系真的很难考，因为要能编、能演，又能导。我们接下来说说最重要的三试吧。

张：三试都是老师有意向的才会留下来。至于说编、导、演，这三者在考试中越来越趋于综合评定了。编讲故事有利于把想象的东西传达出来，特别能看出来考生有没有导演能力，有没有较强的语言表达能力和组织能力。

采：您自己对学生的备考有什么建议？

张：多和自己的父辈聊天，这是你接收素材、接收感觉的最便捷方式。除了上学，孩子和爸爸妈妈在一起的时间最多，多听听长辈的故事和人生心得，这是很真实、很充足的创作源泉。我也问你一 个问题吧！

采：好的。

张：这是我的老师提出的问题——戏剧教育到底是什么教育？

采：说大一点，我觉得是灵魂的教育。

张：还真有点儿接近。戏剧教育是情感教育，透过情感，戏剧教育的实质是人格教育。所以说，学习戏剧一定要对生活有感悟、有思考、有独特的见解，最终有人格的升华。

张金娣

女，上海戏剧学院导演系教研室主任，1984年毕业于中央戏剧学院导演系。

导演创作：话剧《茶花女》《断线风筝》，电视连续剧《单家桥的闲言碎语》《航道弯弯》《麻风女传奇》《小警官与小拳迷》《戴安澜将军》《竹楼情》《宝姑》《下雨总在星期天》《红军浪漫曲》《梅姐》等。

学术专著与论文：《写在秋天的旁白》《论渲染导演创作断想》《谈导演的二度创作》《“禹魂”：再传他一说》《论电视剧表演属性》《表演在导演中的位置》等。

获奖情况：作品多次得获省、部级奖项。

传媒艺考的“另一种”专业选择

——浅谈北京师范大学数字媒体艺术专业考试要求

文/曾托 供稿/北传新干线

2015年，是中国互联网时代的元年，李克强总理提出的“互联网+”的概念把中国的互联网产业推上了快车道。政策上的引导必然会给教育行业带来新的思考，互联网的人才培养已经成为很多院校的当务之急。在我国高校中，现在已经具备独立招生数字媒体艺术专业的学校越来越多，今天我们就为大家来介绍一个“排头兵”院校——北京师范大学（以下简称北师大）。

一、专业简介

北师大的数字媒体艺术同中国传媒大学的数字媒体艺术一样，属于国内最早开设数字媒体艺术专业的学科，是数字媒体元老级的先驱者。2003年，在奥斯卡奖得主、美国纽约大学教授肖永亮老师的带领下，经过几代人的不懈努力，北师大数字媒体专业始终走在了数字媒体教育的前沿，先后同美国、英国、法国、日本、韩国，中国香港、中国台湾等国家和地区知名大学的艺术系建立了交换生项目，数媒的老师们多数具有海外留学背景，思想活跃开明，具有创新意识。在本科四年中，非常注重培养学生深厚的文化底蕴、开阔的国际视野、活跃的创意思维、娴熟的数媒技能、敏锐的产业意识。十年以来，从这里走出了很多动漫、游戏、网络、影视、广告、出版等文化创意行业的创意总监和艺术家，同时许多学生毕业后进入国内外知名高校继续深造和教书育人，展现出良好的专业素养和成长潜力。

北师大数字媒体的课程体系，主要是以影视特效、动画、网络及互动媒体的技术与创作为核心，兼顾产业与营销实务，学生可全方位了解和掌握数字媒体各门类实践技能和前沿动态。课程中还设置有专业采风、产业调研、国际大师讲座、专业实习、毕业创作等环节，力求将课堂教学、社会实践和产业创作紧密结合。学生每年均有到境外著名大学交流学习的机会（北师大数字媒体先后与纽约大学、南加州大学、哈佛大学、香港大学、台湾大学等进行学生交换项目），入学后还有机会入选两部（教育部、文化部）三校（北师大、中传、北影）的“动漫高端人才联合培养实验班”。

主干课程包括：数字媒体概论、影视语言、摄像与实践、影视制片管理、音响创意设计、数字图像处理、数字视觉特效、数字内容创意、动画基础、角色动画设计、新媒体设计、网页设计、界面设计、媒介传播、社会化媒体传播、广告理论与实务、品牌营销策划、网络游戏研究、项目实践等。

二、考试解答

总体来说，北师大数字媒体方向的考试重点有四大块：面试综合素质、美术（速写和分镜头或者漫画）、编讲故事与情景再现、文艺基础常识。考试总分数为750分，同高考分数一样。

（一）初试：分为两个项目。文艺基础常识100分，人物速写100分，共200分，均为闭卷笔答形式。文艺常识的内容比较广泛，涵盖电影、文学、音乐、美术、宗教、建筑等。而且出题的形式比较灵活，一般是看图片来回答问题。速写内容为人像，按照指定照片作画，时间为30分钟。

（二）复试：复试内容包括构思阐述、情景再现。

1.构思阐述：编讲故事历来是很多同学的致命弱项，因此，复试一定要引起大家重视。数媒的构思阐述和电影学略有不同，电影学的题目往往是全命题式的，比如“尴尬一刻”“手机响了”等，而数媒考题以半命题居多，比如“我独自一人漂泊在大海上，突然天气骤变，狂风大作，一个大浪打来，我眼前一黑，沉入海底……”，考生随机抽取一个题目后，有3分钟准备时间，同时有3~4分钟现场讲述的时间，故事讲述不完整会扣分。因此大家要注意提升表达速度，同时兼顾声情并茂。纵观这几年考试题目，数媒的编讲故事以科幻、悬疑类居多，因此这方面的材料和技巧还需要特别积累。很多同学以为掌握几个故事素材，临场生搬硬套便万事大吉了。其实，这个想法很危险，一是因为这样的故事老师们很可能听过；二是生搬硬套的故事讲出来会显得很生硬，不仅不能扣题，还容易减分。因此，如何准备编讲故事环节呢？一是建议大家多去看一些国内外优秀的科幻短篇小说和电影，打好素材的基础，切忌把网络小说作为素材，尤其是一些低质量的网络小说。二是建议大家掌握好编讲故事的方法和技巧，演讲的技巧也十分重要，这是以不变应万变的万全之策。在2014年的考试中，编讲故事的题目具有随机性，从五摞扑克牌——题材、道具、场景、时代、角色——中抽五张，编讲故事，准备3分钟，讲述3分钟。来看一下出现的题目（部分）：

题材——科幻、穿越、恐怖、悬疑、战争、环保……

道具——水晶球、海螺、玫瑰、望远镜、拐杖、夜明珠、宝剑、马车、罗盘……

场景——雪山、戈壁、古堡、大河、海滩、奇峰、河边、沙漠、战国、草原、森林……

时代——秦朝、北宋、汉朝、战国、2080、明清、商周、唐代……

角色——毛象、青龙、猛犸、朱雀、白虎、玄武、幼狮、天鹅、长颈鹿、斑马、猩猩……

所以，充分的素材准备和扎实的讲述技巧是非常重要的。建议同学们在考前这段黄金时间一定要多积累故事素材。好的故事素材来自于两个部分：第一是科幻和悬疑类的电影，大家可以去豆瓣上去找豆瓣电影小组，那里的电影分类十分明确，可以给大家很好的借鉴。同时近一两年的国外科幻大片也是热点，同学们多看几遍，练习揣摩导演的叙事技巧，这些其实就是讲故事的技巧。第二是多读科幻类的文章和小说。希区柯克的悬疑小故事就是不错的选择，大家要学习“情理之中，意料之外”的编剧技巧，这样的故事在考场上是最容易得高分的。更为重要的是，考生们要能把自己的故事讲出来，并且吸引人。建议同学们多给父母讲，多练习，这样到了考场上才不会紧张。

2.情景再现：这部分和构思阐述一脉相承，要求考生要把构思阐述的故事通过文字或图画表现出来，文字一般要求小说或文学剧本，图画以漫画创作和分镜头为主，考试时间在2小时左右。对于画图，其实同学们都有误区，就是觉得一定要画得多么形象，多么栩栩如生，其实，老师更看重的是画画是否具有镜头感，是否具有张力。也就是说，如果一个人没有听过你的故事，但是从你的画图也能“读懂”你的故事，那么你就是成功的。

（三）三试：主要以面试为主，这个环节最重要的就是老师对你的第一印象。

1. 自我介绍：自我介绍最重要的还是五个字“安静的自信”，最大化地表现你的个人特色和对本专业的热爱，那么你就基本成功了一半。由于数字媒体的老师们多为海归派，很多老师之前在纽约大学、南加州大学任教，思维比较活跃，因此同学们如果英语口语和听力不错，强烈建议准备英文的自我介绍，可以加分哦！当然，你用英文介绍后，考官有可能会用英文向你提问，不过不用担心，都是非常简单的问题，比如“why do you love this subject? ”之类的。自我介绍的内容务必要真实，因为过后老师会根据自我介绍的内容，深入地和你讨论，切莫因小失大。

2. 才艺展示：数媒的才艺展示要突出数媒的特点，因此计算机作品和美术作品就成为两大热门。计算机作品包括动画短片、平面设计、网站设计、电影短片、后期特效、音频作品、三维动画等等；美术作品包括素描，速写、色彩、漫画、插画、角色场景设计等。美术中速写是非常容易掌握的内容，因为它强调的是人物比例结构的准确性，而非只有逼真性。一般来说，毫无美术基础的同学，只要经过3~4次的训练，速写就会达到中等水平，然后只要能保持每天1~2张的练习，10天之内水平就会有很大提高。计算机作品不仅要体现你的艺术风格，更要体现你的创意能力、构思想法。独特的创意表现远胜于拙劣的模仿，这是一个不变的道理。另外，考官们会针对你的作品提出技术和构思方面的问题。除了计算机和美术作品，你还可以准备其他才艺，比如唱歌、跳舞、短剧、动画角色模仿等等，总之在短短的十几分钟内，充分把你优秀而独特的一面展现给评委，你一定会顺利通关！

三、关于就业和出国机会

北师大的留学生人数，在北京仅次于北大和北语，排名第三，这意味着北师大的出国机会也是非常多的，因为学生是互换的。哈佛大学、纽约大学、南加州大学、香港浸会大学、台湾大学等顶尖高校与北师大数字媒体专业都有交流项目，如果英语和专业成绩达到要求，就可以免学费出国交流一年。

北师大的另一个优势，是同学们可以选修双学位。就是除了本专业之外，还可以选修北师大其他专业（艺术除外），比如热门的经济学、心理学、中文、外语等等，毕业时，同学们可以拿到两个同样分量的毕业学位，为就业增加更多的筹码。

关于就业，以这几年学生的就业情况的趋势来说，越来越多的同学选择通过北师大的平台出国留学，主要是前往美国、英国一些高校继续深造。而国内的就业更多集中在CCTV、BTV、传媒影视公司、游戏公司、广告公司、各大出版社，或是保研到北大清华，还有部分同学在北京高校当老师。好的就业具备两个条件：好的平台、好的能力。

四、关于文化课

北师大的录取政策是按照文化课和艺术课相加排名的方式录取，不分省份，不分文理，面向全国招生。计划录取16人，发证64张。文化课要求至少达到本省一本线的90%，英语和语文不得低于90分。

曾托

中国传媒大学硕士学位毕业，《中国传媒艺考》杂志特约撰稿人，北传新干线教学负责人之一

独辟蹊径
——传媒艺术类小众专业全攻略

文/陈艺昊

什么是小众专业?

首先，平均报名考试人数不超过1000人。其次，绝大多数培训机构没有相应课程，在学生和家长中普及率低。

举个例子来说，2015年北京电影学院（简称北电）的文学系报名人数在2000人以上，而摄影系报名人数则在800人左右。其实就整个传媒行业来说，专业的方向是五花八门的，家长和考生不应该仅仅局限于编导、播主这类“大专业”。像是摄影类、录音类以及数字媒体等，这些我们称之为“小众专业”，但是这些专业也同属于传媒这一大类，并且就艺考的竞争优势与竞争压力来说，“小众专业”可谓是更胜一筹，并且竞争压力相对较小。

那么，从学生的角度来说，选择专业方向的时候多数会考虑什么呢？第一，这个专业好不好玩；第二，专业是否难学；第三，对文化分的要求如何，这三点是学生在选择专业时的心态。而从家长的角度来说，家长们更加担心的是什么呢？第一，孩子未来的就业方向如何；第二，学习中所需要投入的资源有什么；第三，同样是考虑到了文化分的问题。如今在这个“艺考热”的潮流下，许多家长对艺考的认知还仅停留在编导、主持和表演这三大块上面，而我们所需要做的就是把家长和学生的认知面拓展开来，除了这三块的专业外，还有许多道路可以选择，不必在“大专业”中拼个你死我活。多数高校在艺考时是可以兼报多个专业的，因此我们鼓励学生全面发展，更加注重自身素质知识面的拓展，这会使考生终身的提高受益匪浅。

传媒艺术还包括哪些专业?

大体的专业有电影制作、媒体制作、灯光照明、网络多媒体、数字电影技术、舞蹈编导、电影录音、音响导演、动漫策划、录音艺术、演出制作、图片摄影、电视节目制作等等。

以上这些专业大致可以分为四个方向：摄制类、录音类、数字媒体类和特殊类。面对那么多的考试内容，我们应该怎样应对呢？仔细研究各大高校每年的招生简章不难发现，凡是招生简章中提到的作品分析、摄影试题和视觉创作等，都是需要重点准备的内容。除了专业知识外，文艺常识的积累也尤为重要。无论是笔试中还是面试中，丰富的知识储备和文化底蕴都无疑可以增加学生的自信。

一、摄影类

在摄影类的各个细分方向中，考试内容都大体类同，题目设置为“三三四”的比例。电影题占三成，文艺常识题占三成，摄影题占四成，三个领域相互补充。北电的摄影专业包含的方向有电影制作A类、电影制作B类、图片摄影、商业摄影，2015年招生人数为64人。浙江传媒大学（简称浙传）的影视摄影与制作则包含电视摄像、照明艺术、电视节目制作、电影制作及摄影，2015年招生人数为255人。

摄影类的专业不仅要从理论入手，结合实践可以加强对知识的理解以及操作能力，通过夜拍、采风等方式，在实践的同时，积累自己优秀的作品，在面试时也不失为一个加分的亮点。

二、录音类

录音专业虽然是近些年发展起来的小众专业，招生的学校比较少，但考试的人数也相对较少。目前，北电已根据该专业设置了声音学院。随着以后市场需求的增加，该专业将日趋走向成熟。

目前北电、中传、浙传、南艺、南广、南电、川传、吉林动画等学校招收该专业的学生。录音并不单一化，也分很多方向，有录音艺术、电影录音、音乐录音，数字媒体与游戏设计、声音特效、音响导演、录音工程等。

北电的录音艺术专业就包含电影录音、音乐录音、数字媒体与游戏声音三个方向，2015年的招生人数为46人。同年，浙传的录音艺术专业招生人数为65人。

那么录音学的是哪些内容呢？首先我们要认识一点，录音跟配音、播音是不同的。录音主要是对声音的调控、音效的处理等。针对录音基础知识的学习，我们将其分为四大类：首

先，相关的视唱练耳的练习，唱，锻炼学生对音准的把握，耳，加强对声音的敏感度；其次，乐理知识，学习音乐理论中的基础部分，包括声音的性质、音乐的基本要素等；第三，视听语言，将画面转换为听觉，或者将音乐转化为画面，考查学生们的音乐素养；第四，才艺展示和音乐常识，这类的考试内容一般在初试部分，主要考查学生关于乐器的才艺，以及对各类乐曲的认知。

三、数字媒体类

随着网络多媒体的迅猛发展和广泛普及，网络媒体的艺术形态也孕育而生。传统艺术以网络媒体作为信息传播的载体，形成了继报纸、杂志、广播、电视以后的第四媒体。

高校也相继开设了数字媒体艺术专业，培养具有一定艺术素养和创新能力、掌握先进的数字影视技术的人才。数字媒体艺术主要分为数字影视制作方向和网络多媒体方向，通过数字媒体、电影录音、视听语言等课程的教学，使学生慢慢接触数字媒体艺术。

四、特殊类

以动漫策划、音乐传播、艺术史论以及新媒体舞蹈编导专业为例。动漫策划的学生可以在平日里制作一个作品集，内容可以是漫画、照片等，有美术基础的同学可以自己画漫画，在复试时展示给老师看。音乐传播是南艺2014年开设的专业，由于时间较短，该专业没有量化标准，对学生的要求较低，建议大家报考。舞蹈编导的名称很有迷惑性，它的专业全称是舞蹈编导新媒体方向，我们应该将重点放在“新媒体”上面，大学里的课程设置主要有导演知识、舞台剧、美术和摄影摄像等，与传统的舞蹈编导大不相同，考生并不一定需要舞蹈基础。

学生的潜能是无限的，但有的时候同学们并不懂得如何运用自己的长处。例如，既喜欢摄影又喜欢动漫的同学，可以尝试摄影+导演+文学+动漫宅=动漫策划；有舞蹈功底同时喜欢数媒的同学，可以尝试舞蹈功底+摄影+数媒=新媒体舞蹈编导。这些例子还有很多，每个人都是独一无二的，同学们根据自己的个人能力，认真规划，努力达到最好的结果，这就是同学们需要做的。

陈艺昊

2006年考入北京电影学院商业摄影专业，专攻高端名校，以摄影专业最强。

“意外”之财
——杜琪峰《夺命金》声音造型浅析

文/翦晨阳 北京电影学院 电影录音专业

金钱在现今的社会和我们的生活中占据着相当重要的地位，几乎人人都在为得到它而努力着。但也正是因为如此，金钱同时也在催生着人们的欲望，以至于现在每天都能在各大网站或报纸上见到各种因金钱而入狱的贪官或是各类“上流”人士。单从这方面来看的话，金钱其实便是百害而无一利的社会失败品了，但这并不符合人类社会的实际。所以如果能正确、积极地看待金钱的话，金钱其实促进了人类的发展，人们为了它会努力工作，为了它会在事物轻重上学会权衡。总之，金钱是一把双刃剑，它是普通人的幸福，它是贪婪者的毒药，这种区别体现在对待金钱的不同态度上。电影《夺命金》就为我们讲述了这样一个发生在普通底层人和千万富翁之间的一场闹剧。

电影《夺命金》由三条不同的支线相互交叉重叠的故事组成，三脚豹、警员和其妻子、银行职员Teresa都是普通的底层人，但却因一场金融危机和命案联系在一起，三脚豹为了救兄弟求助了龙哥，随后和龙哥站在了同一条船上，但却因龙哥公司金融危机被卷入事件——放债人原叔被杀，而Teresa是原叔的手续办理人，原叔将500万放在她那里后因赶时间没带手机，Teresa随后追出去，便看到了原叔死亡，故事由此展开。人们围绕着股市、命案、被原叔取走和未被带走的钱展开了一系列斗争，最终，故事以贪婪者落网或死亡，小人物反攻并找到自己生活的方式为结局落下了帷幕。但在这种种的经历中，导演将一些看似不相关的事情运用声音、事件和平行记录的影片手法完美地串联在一起，充分体现了导演在运用蒙太奇手法上的高超技巧。

在电影《夺命金》中，导演在运用声音蒙太奇方面表现得十分出众，影片对环境音的运用十分出色，如Teresa在面对一个个客户的拒绝时，背景的电话铃声，银行嘈杂的说话声几乎是丝毫未衰减地以原声的形式带给观众一种烦躁的感觉，而这种感觉则和此时Teresa的心情如出一辙，业绩不佳，有可能被开除，无论如何也找不到客户时的那种心情，完美地通过背景声音传达给了观众。当三脚豹穿过街头为兄弟办事时，汽车的轰鸣、人流的穿行以一种被放大了的感觉呈现给观众，让观众感受到了三脚豹心中的那份焦急。在影片中除了环境音，最能突出蒙太奇表现手法的莫过于音乐部分了。在Teresa发现原叔死亡、警察在接到电话和三脚豹拿到钱后都响起了一首带有趣味感的爵士乐，以一种戏剧性的手法连接这个故事。在影片结尾，两个拥有了原叔的钱的人在不经意间相互交错，这时音乐也再次响起，就像是以一种戏剧性的方式完成了两个小人物的逆转，并且与开头的音乐首尾呼应。

《夺命金》以一种戏剧性的逆转完成了收尾，其中那轻快活跃的爵士乐就像在告诉我们一个道理：“夺命金”夺的是贪婪的人的命，“夺”的是普通人的苦恼。我想导演将影片最后一幕定格为两个小人物的交错，也是这个意思吧……

为爱疯狂

——浅析电影《李米的猜想》

文/文晓莹 中央戏剧学院 演出制作专业

这是一部由曹保平编剧、导演的文艺爱情电影，它讲述了女的士司机李米如何寻回自己爱情的故事。

李米与方文分别后在昆明当的士司机。四年来，方文给李米写了五十四封信。机缘巧合下，方文看到了李米的出租车上那本给所有乘客看的夹有他的照片的杂志，但当时他已是一个伪造了“马冰”这个身份的贩毒者。李米看到了苦苦寻觅了四年的方文，想与他相认却遭到对方的否定。李米伤心欲绝，把五十四封信烧毁。她自认为方文已经退出她的生命，谁知回家发现了方文寄来的保险箱钥匙、存折和银行卡，原来方文做这一切都是为了赚钱，能够和李米生活得更好。但当李米发现的时候，方文已经选择结束自己的生命，死在了李米的眼前。

爱能使人温柔如水，也能使人如熊熊燃烧的烈火一般疯狂。从导演曹保平的镜头里，我们不仅看到了角色的如水温柔，还感受到了他们烈火般的疯狂。给我印象最深的是李米在方文假装不认识她而走掉的时候，追着他一路走一路背出他四年来给她写的信件里的内容的一个长镜头。在这个镜头中，李米一边歇斯底里地说着挽回关系的话语，一边带着哭腔一字不漏地说出那些已经烂熟于胸的信件内容。导演使用推镜头和移镜头，将这一过程中李米那伤痛欲绝的表情和方文那看似无情却又好像有所动摇的面部表情自始至终地展现出来，体现出一个女人为了眼看着无可挽救的爱情还要拼命追求的疯狂，渲染了李米对爱情的一份执着和倔强。当方文从桥上跳下，摔死在李米的出租车上时，李米在一旁想冲上去却被警察拉走的时候导演使用了一个升格的慢镜头，李米双眼圆睁、目瞪口呆，仿若死灰一般的绝望表情，在那一刻与时间一起被凝固，她的疯狂寻爱也仿佛在那一个悲壮的刹那被终结，让人不禁哀叹突然降临的残酷，哀叹发生在这对情侣身上的悲剧结局。支线角色裘水天听信李米在出租车上开的玩笑，以为可以就此找到追寻已久的恋人小香。在后来听李米说这是一个玩笑时，导演通过近景和中景，表现他一向温和憨厚的语气突然转变为厉声嘶吼，面容突然变得狰狞，那种为了寻爱的疯狂，让人为之震撼。

除了镜头语言的运用外，电影中的配乐对推动故事情节发展和渲染环境氛围起到了很大作用。比如在李米载裘火贵和裘水天两人去偏远山区的途中感觉到气氛的不对劲时，音乐中的电子音效营造了一种不和谐感，配合饰演李米这一角色的演员周迅的精湛的演技，暗示了李米即将遭遇危险。还有影片的结尾处，李米拿着方文给的保险箱钥匙找到了他留给她的一部DV，DV中拍摄的是方文留给她的告白和偷拍她日常生活的片段，此时的背景音乐好似人声在吟唱杂乱不清的词语，让人在感叹他们两个的长情以及最终悲剧的同时，感受到他们追求爱的一种疯狂、野性。

在这部影片中，几乎每个主角都是为爱疯狂的：李米为了追寻爱而不懈地坚持了四年，甚至因误会而一时冲动烧毁恋人的信件；方文为了自己的爱，不惜走上了贩毒这条违法但高收入的不归路，最终送掉了自己的性命；裘水天天真纯情，为了找寻失去的恋人，不惜跋山涉水，最终却被人骗去运毒，被关进了监狱。他们为爱而生，他们为爱疯狂。

李米在“猜想”之中，误会了男友方文，最终甚至失去了他。其实，长久不泯的爱始终在他们之间存在着，只是因为误会，让他们为了爱而目空一切，为了爱而疯狂。

小众专业真题节选

影视摄影与制作专业

【2015年北京电影学院】

一、选择题

1.姜文出演过什么抗日电影？（ ）

A.《鬼子来了》 B.《一步之遥》

C.《阳光灿烂的日子》

D.《私人订制》

2.《星际穿越》的导演拍过什么作品？（ ）

A.《追随》 B.《超能查派》

C.《蜘蛛侠》 D.《复仇者联盟》

3.不属于后期印象派的是（ ）。

A. 达•芬奇 B. 毕加索

C. 莫奈 D. 芥川龙之介

4.兰利是美国哪个机构所在地（ ）。

A. 地方情报局 B. 中央情报局

C. 中央地质勘探局 D. 地方管理局

二、写作

叙事散文，要求描写一个腹黑的人，不少于800字。

三、视觉创作

用《北京青年周刊》（2014年12月4号第49期）在所给纸张上将两个题目自由拼贴创作，不可图画。

1.激情四射。

2.形容孤独一人的词。

影视摄影与制作专业（电视摄像）（照明艺术）

【2015年浙江传媒学院】

一、填空题

1.中国近年的电影《太阳照常升起》由_____导演，同名小说的作者是_______。

2.落霞与孤鹜齐飞，_______________ 。这是_______代诗人________（人名）的________（作品）中的名句。

3.党的“群众路线教育实践活动”是为了集中解决形式主义、官僚主义、享乐主义和_____________________________，简称“_____________”问题。

4.中国“第五代”电影导演之所以有此称谓，因为他们_______________________相似。

二、选择题

1.以下不属于中国“第六代”导演的是（ ）。

A. 张一白 B. 陈凯歌 C. 宁浩 D. 娄烨

2.下列电影中哪一项属于法国新浪潮电影？（ ）

A.《四百下》 B.《偷自行车的人》

C.《星球大战》 D.《野草莓》

3.下列电影中哪部不是纪录片？（ ）

A.《意志的胜利》 B.《北方的纳努克》

C.《一个国家的诞生》 D.《篮球梦》

4.2014年华语电影票房第1、2、3名的影片依次是（ ）。

A.《心花路放》《西游记之大闹天宫》《爸爸去哪儿》

B.《西游记之大闹天宫》《心花路放》《爸爸去哪儿》

C.《爸爸去哪儿》《西游记之大闹天宫》《心花路放》

D.《西游记之大闹天宫》《爸爸去哪儿》《心花路放》

5.以下哪项设置不影响曝光？（ ）

A. ISO B. 焦距 C. 快门 D. 光圈

三、简答题

观看第一部影片，完成以下三题：

1. 这部广告的核心创意是什么？

2. 给该部影片划分段落，并简要分析该部影片画面的特点。

3. 以“人生是一场马拉松”或者“人生不是一场马拉松”为题，写作一篇短片解说词。

录音艺术专业

【2015年南京艺术学院】

一、命题写作

1.根据播放的3段音乐，从音响特征、音乐构成、音乐风格及音乐表现等方面，描述每段音乐各自的特点。

2.根据指定的歌词创作一首结构完整、旋律流畅、音乐风格及表现符合歌词内容的歌曲（五线谱、简谱均可）。

二、计算题

探测船用声呐从海面向海底发出一束超声波，经过7.3秒钟收到回声，已知声波在水中的传播速度为1500米/秒，求海的深度。

三、画图题

在下列以零为起点的正弦波波形的第0.5个周期上重叠画出它的2次横波。

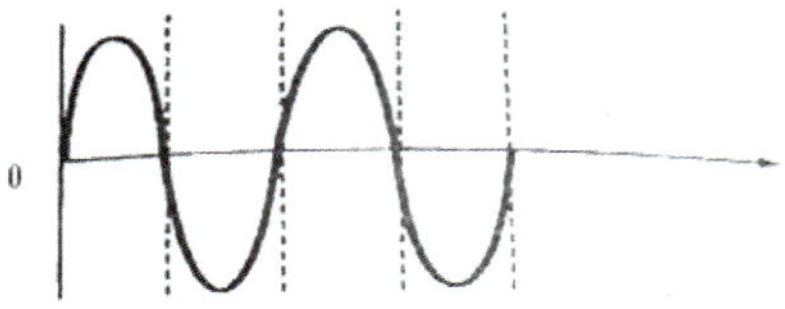

四、用中文或外文写出下列音乐、音频及计算机音乐术语名称。

1. Grave 2. Rit 3. 渐强 4. Rall

5. Espressivo 6. Vibrato 7. EQ

8. 采样频 9. 静音 10. fade in

五、写出四种常用音频和音乐软件名称。

【2015浙江传媒学院】

一、作品分析

答题提示：每题先播放作品，每题连续播放两遍，然后是答题时间（有答题时长提示），答题完毕后，播放下一题。

1.音频题：分析此民歌的流传地域及其音乐风格特点，并说出判断依据。

2.音频视频：分析此影片片段的声音设计特点。

二、填空题

1.常用的三种律制是平均律、纯律、_____________。

2.七和弦的第一转位又称为_________________，第二转位又称为_____________。

3.下列记号的意思是：D.C.________、tr__________。

4.清乐音程的两个偏音是___________和___________。

三、向上构成指定音程和和弦

1.D（纯五度） 2. D（小七度） 3. F（大三和弦的四六和弦）

四、写出下列调式音阶

1.g和声小调

2.自然大调

五、名词解释

1.MP3 2.泛音 3.新媒体 4.MIDI 5.直流电

六、简答题

1. 什么是环绕立体声？它和一般的立体声有什么不同？

2. 声音的传播速度是多少？它会受什么因素的影响？

七、论述题

主题歌是电视剧配乐的重要组成部分，请根据你自己的经验写出电视剧主题歌在电视剧中的作用。

【2015年河北传媒学院】

一、选择题

1. 著名导演张艺谋在1996年被邀请到意大利去拍摄哪部著名歌剧？（ ）

A.《图兰朵》 B.《弄臣》

C.《蝴蝶夫人》

2. 抗日战争时期涌现出许多优秀影片，其中有（ ）。

A.《渡江侦察记》 B.《中华儿女》

C.《保卫我们的土地》

3. 她以罕有的才情和写传奇的本领，在与桑弧合作的《不了情》《太太万岁》及《哀乐中年》三个电影创作中表现突出，这位作者是（ ）。

A. 琼瑶 B. 张爱玲 C. 萧红

4. 被称为我国最大的古典艺术宝库的石窟是哪一个？（ ）

A. 甘肃敦煌莫高窟 B. 新疆千佛洞

C. 四川乐山大佛

5. “海市蜃楼”现象在不同时间内出现的影像不同，有时候是影像成正像，有时候是影像成倒像，请问成倒像的是什么时段？（ ）

A. 下午时段 B. 上午时段

二、声音思维考查

根据听到的声音片段，构思一个完整的故事，要求画面感强，可以在声音元素的运用上有更多的创意，字数不限。

三、影视片段分析

从声音运用的角度分析作品，例如语言、音乐、音响以及声画关系等,不少于800字。

数字媒体艺术专业

【2015年中国传媒大学】

面试

回答考官提问

1. 你平时上网都干什么？

2. 谈谈微信、博客、QQ的区别。

3. 你的文化课分数是多少？

4. 你有什么兴趣爱好？

5. 你认为文科生擅长学习哪个科目？

6. 网络的未来发展是怎样的？

7. 你为什么报考数字媒体专业？

笔试

一、填空题

1. 供工商企业使用的互联网通用顶级域名是“. com”；供教育机构使用的顶级域名是__________；中国国家的顶级域名是__________。

2. Facebook（脸谱）的创始人是__________。

3. 2014年，“__________”挑战赛风靡全球科技界，该活动旨在让更多人知道被称为渐冻人的罕见疾病，同时达到募款帮助患者治疗的目的。

4. 克里斯托弗•诺兰执导的科幻电影《__________》在世界多地热映，该片主要讲述了一队探险家通过“__________”穿越到太阳系之外的宇宙空间。

5. 2014年9月，__________创立的中国电子商务平台在美国纽约上市。

二、创意题

1. 发挥创意，并有效借助互联网媒介传播优势，撰写一份简要的网络推广方案。

2. 为了提升餐馆的品牌形象，帮助餐馆设计一个logo，并简要阐明设计思路。

3. 设计一段简单明了的宣传标语（slogan），能够形象生动地传达出餐厅特色。

三、评述题

1. 请列举你熟知的电子商务网站，并简述其不同特点。

2. 据中国互联网络信息中心（CNNIC）发布的《第34次中国互联网络发展状况统计报告》最新统计数据显示，截至2014年6月底，中国微博用户数2.75亿，较2013年底减少543万，网民使用率为43.6%；手机微博用户数1.89亿，下降794万，使用率为35.8%。但以微信等为代表的手机即时通信工具的活跃用户数则高达4.59亿，比2013年底增加2842万，使用率高达87%。

仔细阅读上述材料，试分析“微信”的产品特点及其火爆的原因。

动漫策划专业

【2015年北京电影学院】

一、单项选择题

1. 北京电影学院动画奖项至2015年已举办了多少届？（ ）

A. 13届 B. 12届 C. 14届 D. 15届

2. 皮卡丘出自任天堂游戏的哪一部作品？（ ）

A.《口袋妖怪》 B.《大话西游》

C.《超级玛丽》 D.《神奇宝贝》

3. 奥斯卡长篇动画奖是从什么时候开始颁发的？（ ）

A. 2001年 B. 74届奥斯卡

C. 72届奥斯卡 D. 2004年

二、多项选择题

1. 以下哪些导演是吉卜力工作室的？（ ）

A. 宫崎骏 B. 铃木敏夫

C. 黑泽明 D. 爱森斯坦

2. 何梦华制作了哪些动画电影？（ ）

A.《珊珊》 B.《西游记》

C.《女儿国》 D.《蝴蝶梦》

3. 万氏兄弟制作了哪些动画电影？（ ）

A.《火烧红莲寺》 B.《大闹画室》

C.《葫芦娃》 D.《铁扇公主》

4. 梦工厂制作了哪些动画？（ ）

A.《怪物史莱克》 B.《驯龙高手》

C.《千与千寻》 D.《疯狂原始人》

三、论述题

《冰雪奇缘》的原作叫什么？作者是谁？一句话概述故事内容，你觉得这样改编有什么可取的地方？

小众专业数据统计表

专业名称及全国校数	地区校数	开设院校	所在省市
影视摄影与制作27	北京	中国传媒大学、北京电影学院、北京城市学院	北京市
	河北	河北传媒学院、河北美术学院	石家庄市
	山西	太原理工大学、山西传媒学院	太原市
	吉林	吉林动画学院、长春光华学院、吉林警察学院	长春市
	辽宁	鲁迅美术学院	沈阳市
	上海	上海戏剧学院	上海市
	江苏	中国传媒大学南广学院	南京市
	浙江	浙江传媒学院	杭州市
	山东	山东艺术学院、山东工艺美术学院	济南市
	河南	安阳师范学院	安阳市
	湖北	湖北美术学院	武汉市
	广东	广州美术学院	广州市
	广西	广西艺术学院	南宁市
	重庆	四川美术学院、重庆师范大学、重庆大学美视电影学院	重庆市
	四川	四川传媒学院、四川电影电视学院	成都市
	新疆	新疆艺术学院	乌鲁木齐市
	湖北	武汉传媒学院	武汉市
摄影27	北京	中国传媒大学、北京电影学院、首都师范大学科德学院	北京市
	天津	天津师范大学	天津市
	河北	河北传媒学院、河北外国语学院	石家庄市
	吉林	吉林动画学院、长春光华学院	长春市
	辽宁	辽宁大学	沈阳市
	上海	上海工程技术大学、上海视觉艺术学院	上海市
	江苏	南京艺术学院、中国传媒大学南广学院、南京师范大学、三江学院	南京市
	浙江	浙江传媒学院	杭州市
	江西	江西服装学院	南昌市
	山东	山东师范大学、齐鲁工业大学	济南市
	湖北	武昌工学院、武汉传媒学院	武汉市
	四川	四川音乐学院、四川传媒学院	成都市
		四川文化艺术学院	绵阳市
	云南	云南艺术学院文化学院	昆明市
	陕西	西北大学现代学院	西安市
	新疆	新疆艺术学院	乌鲁木齐市
照明艺术3	北京	中国传媒大学	北京市
	江苏	中国传媒大学南广学院	南京市
	浙江	浙江传媒学院	杭州市
录音类29	北京	中国传媒大学、北京电影学院、中国音乐学院、首都师范大学、首都师范大学科德学院	北京市
	上海	上海音乐学院、上海师范大学	上海市
	天津	天津音乐学院	天津市
	江苏	南京艺术学院、中国传媒大学南广学院	南京市
	广西	广西艺术学院	南宁市
	四川	四川音乐学院、四川传媒学院	成都市
		四川文化艺术学院	绵阳市

数字媒体艺术9	浙江	中国美术学院、浙江传媒学院	杭州市
	辽宁	沈阳音乐学院	沈阳市
		辽宁师范大学	大连市
	云南	云南艺术学院、云南艺术学院文华学院	昆明市
	陕西	西安音乐学院、西安电子科技大学	西安市
	山东	山东农业大学	泰安市
		北京电影学院现代创意媒体学院	青岛市
	河北	河北传媒学院、河北科技大学	石家庄市
	新疆	新疆艺术学院	乌鲁木齐市
	湖北	武汉音乐学院	武汉市
	山西	山西传媒学院	太原市
	北京	中国传媒大学、北京师范大学	北京市
	天津	天津工业大学	天津市
	山西	山西传媒学院	太原市
	江苏	中国传媒大学南广学院	南京市
	浙江	浙江传媒学院	杭州市
	四川	四川传媒学院、四川电影电视学院	成都市
	贵州	贵州民族大学	贵阳市
媒体创意1	浙江	浙江传媒学院	杭州市
动漫策划1	北京	北京电影学院	北京市
音乐学（音乐编导与策划）1	江苏	南京艺术学院	南京市
新媒体舞蹈编导1	北京	北京舞蹈学院	北京市
中外文化交流1	北京	北京舞蹈学院	北京市
国际文化交流1	北京	中国戏曲学院	北京市

培养就业方向

影视摄影与制作：毕业生的主要就业单位为电视台、电影制片厂、影视节目制作公司、网络音频节目制作公司、游戏声音设计公司等。

摄影：毕业生适合于广告公司、影视剧制作公司、新闻媒体、报社、期刊杂志社、出版社、婚纱影楼、文化宣传部门和其他有关事业单位，从事摄影摄像、影视制作、计算机平面设计、广告策划与制作、文化宣传、社会教育、商业摄影等工作。

照明艺术：毕业生能够从事舞台剧、影视剧、纪录片、电视文艺节目、大型直播晚会、电视台的演播室、灯光设计绘图绘表、影视剧照明与布光、电化教育、影视制作的照明设计、策划管理和现场执行操作等工作。

录音类：毕业生的主要就业单位为电视台、电影制片厂、影视节目制作公司、网络音频节目制作公司、游戏声音设计公司等。

数字媒体艺术：毕业生可在电视台、数字影视制作公司、广告公司、动画公司、网络电视台、手机电视台、高校和其他企事业单位的影视节目制作中心，从事数字影视节目策划与创作、数字影视特效制作与合成、影视广告与片头设计与制作、影视节目包装等工作。

媒体创意：毕业生能在以广播电影电视为代表的传统媒体和以互联网络为代表的新媒体机构从事与媒体项目相关的创意策划、推广等工作。

动漫策划：毕业生可以从事与理论研究和理论批评相关的行业；可以动画电影和动画电视的编剧，包括手机动画在内的网络动画编剧；漫画出版社的漫画脚本编辑等。

音乐学（音乐编导与策划）：具备一定的影视剧编导、编播能力，能够在大专院校、文艺团体、音像公司、出版社等相关单位从事教学、制作、编辑、管理等工作。

新媒体舞蹈编导：培养以数字化媒介应用为基础，能够应用新媒体艺术创作理念对舞蹈动作及舞蹈文化素材进行创意编排与制作的高层次新型舞蹈艺术编创与传播人才。要求学生系统掌握新媒体技术应用与艺术创作的基本理论、知识、技能，熟练掌握媒体创作应用软件与多媒体创意思维，具有较强的舞蹈影像编创能力，并能够独立策划、导演与制作具有一定个性的创新性舞蹈与媒体艺术作品。

中外文化交流：培养具备良好的人文素质和艺术审美能力、广阔的国际视野、系统的艺术管理知识与能力，能够熟悉舞蹈文化创意产业宏观环境，掌握国际文化交流和艺术组织运作规律的高层次艺术策划、管理与营销人才。

国际文化交流：培养能够熟练运用英语，通晓以戏曲艺术为代表的中西方文化艺术，具备跨文化交流能力，懂得经营与管理的复合型人才。

练习中找到规律
——即兴评论的准备与应考

文/付程

即兴评论的目的是考查应试者快速思维和组织语言的能力，以及就某一新闻事件即兴评论的能力，也是考查考生的新闻敏感和新闻意识。这是播音与主持艺术专业考试中有一定难度的内容。它要求考生先将指定稿件播读一遍（内容为一个新闻事件），然后，对此内容做一个2分钟左右的即兴评论。

即兴评论与前些年专业考试中的“即兴评述”有所不同。即兴评述是就给定的某一题目展开论证和叙述。表面看没有文字材料的依凭，经过短时间的准备评述几分钟似乎有较大的难度。但是，这种评述给考生自由发挥的空间是比较大的，如我的人生格言、人怎样才算美、我最喜欢的节目主持人、中学生上网的利与弊等等。考生可以根据自己平时的积累去拟定观点、设计提纲、准备材料、展开评述，较为灵活。平时的练习也会起到很大的帮助作用。另外，准备的时间也相对长一些。而即兴评论虽有文字材料做依凭，但要求围绕所提供的新闻材料做评论，选定的观点在指定的内容范围内，而且是以评论为主，准备的时间又相对较短，要想进行得很出色，的确是有一定难度的。

即兴评论虽有一定难度，但也是有规律可循的，通过相应练习的准备，评论的能力肯定是会有提高的。实际上，即兴评论也是一篇口头小议论文，表达2分钟，约450~500字。考生拿到材料，10分钟左右就进入考场。应该说，所选材料内容基本上都是在高中生的知识常识、时事水平范围之内，一般不会存在理解上的问题，加之有一定的依凭，都可以做到有话可说。

如何准备和应考？提出以下六点建议，供同学们参考。

一、选好角度，提炼观点

考题所提供的文字材料一般就是一条简明新闻，报道了一个事实。一个新闻事件也好，一个事实也好，可以展开评论的角度有多个，这就需要进行选择，因为评论的时间有限，一般选取一个角度就可以了。比如下面这条新闻：

窑洞破败无水吃

11月11日至16日，本报记者随全国十几家媒体参加了“大地之爱，母亲水窖”六周年回访活动。

一望无际的黄土、裸露的沟坡、枯涸的河岔、干裂的渠道——虽然大家对这里艰苦的生活状况早有心理准备，沿着崎岖山路裹着黄沙一路颠簸六个小时，这些在高楼大厦里住惯的城里人本月12日来到兰州市西固区金沟乡熊子湾村时还是震撼了！曾沐浴中华民族的黄土地竟是这样的干涸贫瘠——这里年降雨量只有300~ 400毫米，而蒸发量却高达1500~ 2000毫米以上。连绵起伏的黄土沟壑一片苍凉，看不到一点绿色，沟畔路旁伫立着无精打采的老槐树，半山腰上依山而建的土窑洞简陋破败，这些平时只出现在电影电视中的镜头真实再现在我们面前……

这条新闻，可以展开评论的角度起码有这样几个方面：

(1)贫困地区，干旱缺水，社会捐助，共献爱心；

(2)降雨300，蒸发2000，搬迁新地，重建家园；

(3)新闻报道，媒体责任，舆论力量，促进改变；

(4)莘莘学子，奋发学习，贫困地区，建功立业；

(5)当地干部，责任重大，改变观念，真抓实干；

(6)贫困缺水，环境恶劣，节约用水，加强环保。

这些角度，都有可以展开议论、评论的空间。同学们可以选择一个最能触动自己的、感受较深的、知识储备相对充实的方面去展开评论。应该说，只要言之有物，且有积极意义，都是可以的。主考老师不会只是希望和要求考生按某一观点和角度去展开议论。如果考生能开动脑筋，打开思路，说出与众不同的观点和道理来，更容易受到重视，取得好的成绩。但要注意，不能只是一味追求标新立异，不管什么角度和观点，还要注意思想性，应与主流价值观相符合。如果观点不正确、不积极，再与众不同也是不行的。

即兴评论实际上就是谈一谈你对某一个事件、某一个问题的看法和认识，怎么想就怎么说，把自己的真实感受表达出来就可以了，不必把问题想得过于复杂。当然，还是需要提炼出一个观点来，这个观点就集中体现了你对某一事件、问题的看法、认识和感受。如果此稿你选择了第一个角度，就可以提炼出：“全社会都来为缺水母亲献爱心”的观点，来展开论述。

二、理清思路，有感而发

选择好角度、确立了观点，还应围绕观点制定一个提纲，理清议论的思路。因为准备时间较短，不能写详细提纲，所以，要迅速构建一个大致的结构。例如上题可大致构建为：

(1)抒发感受、震撼、同情；

(2)城乡对比，感慨万千；

(3)扶危济困，传统美德；

(4)伸出援手，共献爱心。

理清了大致的思路，还要注意有感而发地表达，要有态度，动真情，情动于衷，才能声情并茂，才能有感染力。如果没有真情实感，即使头头是道，也不会吸引人，打动人。有感受地表达，也是主考老师考查的一个重点。

准备好了提纲，理清了思路，如果还有时间，可以把开头的话和结尾的话想一想，争取设计得精彩一些。“语不惊人死不休”，“编筐编篓全在收口”所以要开好头，收好尾。需要提醒的一点是，准备时切不可把要说的每一句话都想好，因为无论是主观上还是客观上都做不到这一点。准备一个大致的提纲，带着感受，有感而发地表达就可以了。

三、边想边说，表达意思

即兴评论考查的是即兴口语表达的能力，准备了大致的思路，说的时候，一边想，一边说，不要试图去背准备时想的每一句话，而要去说观点的意思。说意思容易使大脑处于兴奋状态，还容易产生新的思想火花，为评论增色。如果只是想着去背准备时想好的“漂亮”词句，万一紧张忘了词，就容易“卡壳”。不用担心说得不精彩和不流畅，这些都是相对而言的。偶有啰唆、重复、不顺畅，包括词语的不准确，在即兴口语表达中都属于正常现象。关键是要言之有物，言之有情，言之有序。

四、联系实际，巧用例证

即兴评论要求应考者围绕所说的新闻事实阐述自己的观点和看法，而不是让你作一篇理论文章或学术演讲。有的考生不明此道，一上来，就说了一堆堂皇而又空洞的话。一张嘴就是哲学、政治经济学，生搬硬套，反而华而不实。无论是什么内容，评论就是谈自己的看法和感受，而不要去揣摩主考老师的心思，投其所好。联系实际，最好的方法，就是联系自己的实际，联系自己身边人的实际，联系自己所熟悉的社会环境的实际。谈自己熟悉的，最有感受的人和事，容易谈得有感而发、入情入理。可以准备一两个生动的例子，正面的、反面的、古今中外的、名家名人的、自己的和自己熟悉的人的实例。特别是当思维和语言不太顺畅时，或者一时想不起准备的提纲时，可以将一个生动的例子信手拈来，一方面增加论证的力度，一方面边说边理清思路。当然，也不可把评论搞成事例的堆砌，关键是要用得好，能说明问题。

五、自信连贯，一气呵成

即兴评论，流畅连贯很重要。道理再充分，表达不顺畅，也会给主考老师留下思维不敏捷的印象。你可以把主考老师设想成你要说服的人，坚信“我有理”，用以调动自己的评论欲望，增强评论的主动性和感染力。要注意，即使一时语塞、无话可说，也要“硬着头皮往下说”，尽量不要让语流出现断线、卡壳。因为这种断线、卡壳会增加思维的空白和心理的紧张。咬紧牙关，坚定信念，就一定能够渡过暂时的难关，一气呵成，完成评论。

六、自选材料，提前练习

考生们可以通过平时自选材料练习评论的方式，加强锻炼，积累经验。平时课余或学习之余，拿出一点儿时间，自选内容，准备几分钟，先朗读一遍，再评论几分钟。开始可以准备时间稍长一些，如10分钟，然后说上2分钟，随着练习的增加和经验的积累，准备时间可以逐渐缩短。关键是要熟悉这套程序和方法。可以请自己的家人或同学帮助自己练习，请他们做你的听众，事后帮你挑毛病，分析不足。当你练了五六个材料以后，就会发现自己即兴评论的能力已经有所提高了。

下面一起来看一下对以上新闻的一篇评论。

全社会都来为缺水母亲献爱心

看了“窑洞破败无水吃”这篇报道，我的心被强烈地震撼了！真是难以想象，在那样恶劣的自然条件下，在那样干旱缺水的环境中，居然，还有我们的同胞、我们的母亲、我们的兄弟姐妹在苦苦挣扎，苦苦地生存！（抒发感受、震撼、同情）

想想生活在城市里的我们，对便捷的用水早已习以为常，人们只需轻轻一触，就可以获得清澈的水流；而再看看西部干旱地区，据报道，很多地方孩子们上学之前只能嘴含一口水洗脸，母亲们只用一瓢浑水煮饭。严酷的现实向我们诉说着山区千万贫困母亲和儿童饱受缺水煎熬，与干旱苦苦搏斗的艰辛。（城乡对比，感慨万千）

积德行善，扶危济困是我们民族的传统美德，我们同在一个蓝天下，同沐一缕阳光，我们怎能让我们的母亲和兄弟姐妹受苦受难而坐视不管。2000年，全国妇联发起了“情系西部共享母爱”的大型公益活动，设立“大地之爱，母亲水窖”专项基金，社会各界、广大群众纷纷慷慨解囊，募捐筹款。1000元，就可建一个母亲水窖，解决一个家庭一年的用水之忧。而1000元，对于生活在大城市的人来说，也许只意味着一顿丰盛的晚宴、一件得体的西服、一辆高档的自行车……（扶危济困、传统美德）

让我们伸出援手吧，捐赠1000元给西部干渴的母亲，播撒一份绿色的希望。为了西部母亲和孩子们灿烂的微笑，让我们携手献出一份爱！（伸出援手、共献爱心）

付程

教授、研究生导师，曾任中国传媒大学播音主持艺术学院副院长、播音系主任，教育部艺术类专业教学指导委员会第一、第二届委员、副主任（戏剧影视广播分委员会），高教学会播音与主持艺术专业教育委员会执行理事长。

如何播好绕口令
——绕口令的练习意义和方法分享

文/王沛寒

吐字在播音表达中占有举足轻重的地位，绕口令训练是提高吐字能力的有效途径。

同学们学习时难免会觉得绕口令训练枯燥单调，难以提起兴趣，我们可以通过以下几种方式来提高训练的兴趣。

一、故事讲述练习法

可以先从短小的绕口令入手，讲出故事感、画面感和趣味性，让自己的语言生动起来。我们以《白庙和白猫》为例：

白庙外蹲一只白猫，
白庙里有一顶白帽。
白庙外的白猫看见了白庙里的白帽，
叼着白庙里的白帽跑出了白庙。

方位词“外”和“里”有助于呈现整个场景的人物关系，同时要在脑海中形成连续活动的画面，并不断引发相应的态度和感情，组成自己表达的依据。白猫是蹲在地上的，是动物，要展现出活力和生命感；白帽是静物，放在地上的，需表达出物体的存在感。同时通过理清头绪、设身处地、触景生情、现身说法，来激发自己表达画面的愿望。这样的练习方法，可以提高语言表达的能力。

二、全力吐字练习法

口腔是语音的制造厂，是声音的加工厂。声音通过口腔共鸣得到扩大和美化。口腔内各个咬字器官通过不同的配合，又把声音加工成语音，从而产生出表达不同意思的音节，即称为“吐字”。

全力吐字练习法将吐字的力度加强，力量集中在唇中央三分之一，不裹唇，唇齿相依，表达时字字不放松，加强吐字归音的完整性，着力夸张地表达。我们以《巴老爷和芭蕉树》为例：

巴老爷有八十八棵芭蕉树，
来了八十八个把式要在巴老爷八十八棵芭蕉树下住。
巴老爷拔了八十八棵芭蕉树，
不让八十八个把式在八十八棵芭蕉树下住。
八十八个把式烧了八十八棵芭蕉树，
巴老爷在八十八棵树边哭。

练习时表达要尽全力夸张：“巴——→老——→爷——→有——→……”努力外送，同时追求吐字的准确、清晰、圆润和集中。

吐字时要求做到字头出字有力，叼住弹出，肌肉要有一定的紧张度，阻气有力，咬字力量要集中在相应部位的中纵部分而不是满口用力。字腹要做到拉开立起，声音饱满。字尾的归音要做到弱收到位，趋势鲜明。

三、语气转换练习法

语气是思想感情运动状态支配下语句的声音形式，恰当的声音形式将准确地体现思想感情的运动状态。我们以《八百标兵》为例，首先设计出不同的语气：

八百标兵奔北坡，（惊喜）
炮兵并排北边跑。（惊恐）
炮兵怕把标兵碰，（悲痛）
标兵怕碰炮兵炮。（质疑）

语气的训练当然不止以上四种语气和情绪，还有高兴、羞涩、悲愤、哀怨、疑惑、憎恨等。在表达中，语气随着内容不断变化，表达不同的语气，口腔的松紧、开合，吐字力度的强弱，气息的深浅、强弱，声音的高低、强弱、长短和音色等都会有所不同。这些不同造成了声音形式的丰富变化，使语流呈现出波澜起伏的状态。比如表现爱怜的感情色彩，“气徐声柔”；表现喜悦的感情色彩，“气满声高”；表现冷漠的感情色彩，“气少声平”。

四、挑战极限练习法

学习语言除了听说之外，还有一个必不可少的条件是重复练习，持之以恒。有些同学单发某一字音无可挑剔，但在连贯的语流中，字音就会出错。这说明，会发某音与能够熟练使用不能等同。发音只有达到不用想就能脱口而出的程度，才具有使用价值。只有进行大量的重复练习，吐字发声达到纯熟的程度，才能进行丰富多彩的语言表达。我们以《调到敌岛打特盗》为例：

调到敌岛打特盗，
特盗太刁投短刀。
挡推顶打短刀掉，
踏盗得刀盗打倒。

练习时重复10~20遍，可以锻炼舌的力度，发音时找到声母点状成阻的感觉，对于提高唇舌力度大有裨益。

下面和大家分享几位艺考生的成功经历，听听他们在准备艺考时，是如何看待绕口令练习的。

1. 中国传媒大学2015播本 夏铭

在我准备艺考时，绕口令是练声中最有意思也很重要的一点。像是在讲故事，生动、形象、有逻辑，而且有很多练习的方法，既可以练气息，也可以练唇舌灵活度，还可以练情感，终极目标是能够兼顾。不论早上晚上，张口即来，因为你不能在人多的地方大声发“啊”的延长音，但是你可以小声说绕口令。我练习绕口令一段时间后，最大的收获是即兴口语的时候口误减少了。

2. 浙江传媒学院2015播本 易天慧

不论是艺考前，还是进入大学后，绕口令都是每天的必修课，它几乎涵盖了字、音、唇齿、力度、气息和情感等等播音所必要的基本功。

以前我一直以为绕口令练的就是嘴皮子功夫，又特别羡慕相声演员在台上“打南边来了个喇嘛，腰里别着个喇叭……”然后速度飞快、神态夸张，外行一看就觉得超级厉害！于是那个时候，我们学习绕口令讲究的就是一个字“快！”

但是真正接触播音，才知道绕口令不是只有这一种练习方法。在练一首绕口令的同时，我们可以练习很多东西。比如慢慢地念绕口令，运用好气息，调整好状态，读准每一个字的字音，表达出绕口令本身的情感。

所以我会特别夸张地讲述一个个关于白猫和白庙的故事、石狮子和死涩柿子树的故事，还特别有画面感和新鲜感（别笑），所以在这里也真心告诉大家……还是找个没人的地方练比较好，真的……被人突然看见那夸张的表情和神态……确实尴尬，但是为了中传梦，别怕！坚持下去！

练好绕口令可以让你事半功倍，在艺考这么短暂的时间内，千万别忘了绕口令的练习。

3. 中国传媒大学2015播本 郎浩舟

说到绕口令呢，我自己的直观感受就是——它很重要。不仅在我艺考的时候，大量的练习绕口令使我的发声状态始终保持在一个较好的水平。进入中传后，练习绕口令也是提高专业水平的不二方法。练习绕口令对于改善唇舌无力、加强吐字归音、保持气息连贯，都有着非常积极的作用！

绕口令属于流传于民间的口头文学，语言生动形象，富于变化。而我们之所以要练习绕口令，是因为绕口令可以提高发音部位和发音方法的准确性。比如“八百标兵”“白庙和白猫”等练习双唇阻（b、p、m），“打特盗”“男旅客女旅客”等练习舌尖中阻（d、t、l、n）等等……因此，苦于自己声母发音问题的小伙伴们，练习绕口令就更必不可少了。

练习绕口令要有针对性，从慢速开始，从说清意思开始，再逐渐加快节奏，最后赋予自己的理解与情感。切记！不要心急和想要一次到位。练好绕口令并不是件简单的事，但要相信，只要对绕口令有足够的重视，并采取正确的方法进行练习，就一定会有所收获和提高。加油！

王沛寒

中国传媒大学播音主持艺术专业硕士。曾担任香港卫视、旅游卫视节目主持人。中国传媒大学培训学院播音专业教师，中国电视艺术家协会培训部播音专业教师。

礼仪，为面试加分

文/林莉

对于每一个心怀艺术梦想的年轻人来说，每年的艺术高考都是一个门槛，都是一场战役，稍有不慎将可能前功尽弃，这场“战役”考验着考生和家长的智力、体力、耐力、毅力和抗压力。面临艺考，相信很多同学都在思考如何在面试阶段脱颖而出？《中国传媒艺考》杂志特邀著名礼仪教育专家林莉老师，开辟“艺考面试礼仪专栏”，为考生们解答面试中的礼仪细节，让礼仪为你的面试加分！

中国艺术人才网发布的《2013艺术教育行业分析报告》显示，从2002年至2013年间，全国设置艺术类专业的高校从597所增加到1679所，艺术类考生人数从3.2万增加到近100万。而2015年，仅中国传媒大学、北京电影学院和中央戏剧学院三所高校，就有8.2万人次报名。随着2015年国家艺考政策进一步收紧，取消了部分学校的校考招生资格，实施省统考的范围将会逐年加大，校考院校数量不断减少，对单独招生资格的院校审查也越发严格。随着国家艺考政策改革，统考科目进一步扩大，专业考试由“马拉松”式的校考逐渐变为统考，意味着每一名考生的艺考机会都大大减少，原来每年都有很多考生奔忙在各个学校的考点，现在或今后这样的现象将大大改观。因此，每一名同学都需要珍惜每一次考试机会，认真准备，好好表现。

艺术高考是普通高考的一种补充，通常通过笔试、命题创作、小品表演、即兴评述、指定稿件朗读、新闻播报、模拟主持、视听语言等环节对考生进行测试。

艺考一般有笔试和面试两种形式。现在，就让我们先来认识“面试”。

俗话说：百闻不如一见。何谓“面试”？面试就是主考老师和考生以面对面的形式，通过交谈、观察、现场命题阐述等手段，考查考生是否具有学习相关专业的能力、素质。在面试关，各高校通过各种方式考查考生的艺术潜质，对考生形象气质、语言表达、艺术修养、艺术感觉、心理素质等进行全方位综合考核。

以广播电视编导专业面试为例，大致有以下几个环节：自我介绍、命题演讲、编讲故事、即兴评述、回答主考老师提问等。以戏剧影视文学专业为例，一般是先笔试（散文写作、议论文写作、文学常识），后面试。以表演专业为例，面试一般包括声乐、台词、形体、表演（命题小品）、上镜等。以播音专业为例，面试一般包括自我介绍、自备作品朗读、指定稿件朗读、综合素质考查、模拟主持、即兴评述、上镜等。有的学校在表演和播音与主持艺术专业会加试才艺展示。

在面试环节，经验丰富的主考老师往往在与学生接触的几分钟内，就可以判断出学生是否具备专业学习的潜质，这个“沙里淘金”的过程，时间都非常短暂，机会稍纵即逝。一些同学自身专业素质不错，却因在面试时表现不佳而名落孙山。在面试中，考生应该呈现中学生身上的纯真、朴实、阳光等品质。而有的考生肢体僵硬、体态语错误、形象设计夸张、语言表达错漏百出，这必然造成考试失利。

在面试中，有哪些行为习惯需要养成？有哪些细节需要注意？如何在面试环节给各位评委留下好印象？如何展示自己的优良素质？在艺考面试短短的几分钟里，如何充分展示自己，正确表达自己？作为有多年艺考面试主考经历的我们，期待通过这个专栏，针对我们在艺考现场看到的一些考生在形象塑造、语言表达、心理素质等方面存在的问题，为考生提供一些参考意见。

对于即将走入艺术殿堂的你们而言，除了需要具备基本的专业知识外，还有一项素质是必不可少的，而且这项素质的培养和学习会使你终生受益。在学艺先做人的艺术生涯中，在作为社会人的为人处世中，在德艺双馨的艺术实践中，这项素质的高低将对你的工作、生活产生深远影响。不论是为了面试的准备，还是为了今后在人生道路上能收获更多的和谐与幸福，对于青年学生来说，礼仪学习都必不可少。

我们都知道，教养体现于细节，细节决定成败，细节展示素质。作为一名艺考生，礼仪修养必不可少，特别是面试礼仪。掌握面试礼仪，能够帮助你更好地展示自我，给评委留下良好的印象，从而更好地抓住每一个机会，进入自己心仪的大学。在面试中，能否通过良好的礼仪展示素质，往往可以反映一名考生的文明程度、综合素质。

那么，在面试环节，礼仪的学习和运用对于艺考生来说有什么好处、具体有什么功能呢？

功能一：礼仪有助于提高自身修养

《荀子•礼论》中云：“礼者，养也。”，学礼、守礼可以提升自身修养，是个人修养的外在体现。在人际交往中，在面试时，礼仪往往是衡量一个人文明程度的准绳，它不仅反映你的交流技巧和应变能力，而且反映你的气质风度、阅历见识、道德情操、精神风貌。因此，从这个意义上说，礼仪即道德，即教养。而有道德才能高尚，有教养才能文明。通过考察你对礼仪运用的程度，可以察知你的教养的高低、文明的程度和道德的水准。由此可见，对于参加艺考的同学们而言，不论是为了面试，还是为了今后进入社会、进入职场，学习礼仪、运用礼仪，有助于提高个人的修养，有助于“用高尚的精神塑造人”，提高我们的文明程度。

功能二：礼仪有助于塑造形象，美化自我

我们常说，高质量的人生需要三种力：体力、智力和形象力。体力是拥有高质量人生的基础，智力是高质量人生的保证，而形象力则是高质量人生的催化剂。请看下面这个案例：

案例：一次铭记史册的电视辩论

1960年9月26日，在芝加哥哥伦比亚广播公司的一个电视直播间里，总统候选人理查德•尼克松和约翰•肯尼迪站在摄像机和聚光灯前，进行了美国总统竞选历史上第一次电视辩论。

尼克松当时是美国副总统，肯尼迪不过是马萨诸塞州一名资历尚浅的参议员，43岁的他与尼克松相比，不仅缺乏丰富的外交经验，还因其天主教徒的身份在前期民调中处于不利态势。相比之下，尼克松仅39岁就当选为副总统，此后的八年时间都以美国“副主管”的身份治国理政。此前许多人认为这将是一场一边倒的竞赛，经验老到的尼克松肯定会胜出。

如果你在广播中收听这场辩论，你会认为两个人旗鼓相当，不分高下。但电视屏幕改变了一切，电视观众们看到的却是另一番情景——一脸憔悴的尼克松PK阳光活力的肯尼迪。当年参加现场直播的桑德尔•范奴克回忆说：“我注意到副总统嘴唇附近满是汗渍，肯尼迪则非常自信，光彩照人。”对比如此鲜明，观看直播的6500万美国人几乎立刻就能决定要把选票投给谁。最后，尼克松因形象输给了肯尼迪，后期调查发现，选民们放弃尼克松的最大原因是：“他看起来不像一个总统。”

个人形象是一个人仪容、表情、举止、服饰、谈吐、教养的集合。归纳形象管理的具体方法，首先需要开启信念力的开关——“想什么先像什么”，也就是我们要努力先穿得像（静态视觉表达），再动得像（动态视觉表达），然后做得像（行为表达），最后说得像（语言表达）。杨澜也说过：“没有一个人有义务透过你自己都毫不在意的邋遢外表去发现你优秀的内在。”所以，我们每一名同学都要珍惜自身形象，让内在美与外在美和谐统一。

功能三：礼仪有助于提高沟通能力

在人类社会里，沟通无处不在，沟通是人与人之间思想与感情传递和反馈的过程。在面试场上，面对各个学校的主考老师，考生都面临着沟通方式的选择，都需要学习沟通的策略和方法。这不仅仅对艺考面试至关重要，对今后的职业生涯也至关重要。良好的人际沟通能力，能够让你在面试中脱颖而出。

功能四：礼仪有助于提高表达水平

这里提到的“表达水平”，不仅仅指我们的说话水平，而是指我们通过自己的有声语言和无声语言，通过自己的言谈举止，表达对主考老师和其他人的尊重、友好和善意。金正昆教授说：“礼仪是一定社会的人们约定俗成、共同认可的行为规范。”礼仪，是同学们在面试场合必须采用的一种“通用语言”，是衡量自己是否自律、敬人的尺度。只有主动学习并运用礼仪，才能增进主考老师对自己的了解，增强自信心，帮助同学们取得面试的成功。

荀子云：“人无礼则不立，事无礼则不成，国无礼则不宁”。英国哲学家约翰•洛克也曾经说：“没有良好的礼仪，其余的一切成就都会被人看成骄傲、自负、无用和愚蠢。”我们学习、运用礼仪，不仅是为面试助力，也是为我们今后进入职场做准备，为我们在人际交往的时候实现有效沟通做准备，为我们为人处世加分。

我们将结合面试礼仪的实际，为同学们解读艺考面试中礼仪的各个细节。学习礼仪、运用礼仪，有助于同学们更好、更规范地设计、维护个人形象，更好、更充分地展示个人的良好教养与专业潜质，实现内在与外在的和谐统一，让你的优秀由内而外绽放。

林莉

副研究员、西南石油大学艺术学院副院长。

研究领域：礼仪教育、广播电视语言艺术。

从事情商教育、礼仪教育二十余年，具有丰富的礼仪教学实践经验，多次担任艺考面试专家评委。

这样记忆最有效
——文艺常识过目不忘

文/孙超

一、为什么艺考要从最早时就考查文艺常识呢?

众所周知，文艺常识是艺考的根基所在，没有扎实的文学艺术基础在考试中很难取得好的成绩。那么，像各省联考或者北京电影学院、天津师范大学、西南大学、重庆邮电大学等院校为什么必须要考文艺常识呢？出题人想选拔什么样的人才？考察查什么能力?

第一，文化底蕴。知识面是一个考生参加编导专业学习，将来从事编导创意工作的基础。不能连基本的文学常识、影视基础知识都不懂，就搞影视剧拍摄。

第二，时代意识。90后考生作为当下主流的艺考队伍，不能只会高中课本上的那些知识，想“做点什么给人家看，给人家欣赏”，光有学问还不行，必须要活在当下。这是个风起云涌的时代，所以传媒类院校要的就是风口浪尖上的人才。什么“新媒体”“自媒体”“大数据”“物联网”此起彼伏，再如“IP电影”“阅兵蓝”，甚至是“duang”“世界那么大”等概念、词汇充斥中文语境。你若不能理解这个时代的如火如荼，那么将来如何体现“艺术源于生活”?

第三，人格体现。艺考出题弯弯绕绕、诡谲万变，有的让你选“下列哪个不是”、有的问你“李娜在澳网中击败了谁？”、有的让你写“王羲之”或“尚小云”，有的面试还让你“抢答”……这时，有人马马虎虎选了那个“是的”、有人不知道李娜击败了谁、有人不会写“羲”、有人写成了“尚晓云”……这是考试，也是人生；这是赛场，也是镜子。阁下何许人也?

SO，专业老师也好，考生也罢，都不能对文艺常识环节视如儿戏，这是个严肃的事情！因为考官和你都是严肃的人！

二、“背常识”这个词OUT了，是和“美”谈场恋爱！

人家考咱了，咱就得会。怎么背过这么多题目呢?

其实，当你想到“背过”这个词的时候，你的内心就已经开始“抵触”这个学科了。谁家孩子喜欢背书？没人喜欢背书，因为那是“死记硬背”，是教条的、不科学的、不尊重人类智慧的，虽然用了这么久，但是现在“背常识”这个词OUT了。

文艺常识的真谛是“学习文学和体验艺术”，这是老师教学的“窗户纸”，也是学生背书的“动力源”。有的教师自己都想不明白文艺常识的美在何处，指望学生生龙活虎地背书给你看，那都是违心的，大家都不会好过。这个“背常识”、“背单词”、“背公式”就像是“包办婚姻”，就算暂时“结婚”了，爱没了，转眼也就忘了（也许还有恨）！

要让学生爱文学、爱音乐、爱绘画、爱戏剧、爱电影，很难吗？不难，因为这些都是人类的财富——精神财富。艺考书籍上的知识点都是编者千挑万选的“大美女”“大帅哥”，怎么会不爱？要想学好文艺常识，必须首先建立“认同感”，这个逻辑建构好了，下面就该明白它们为什么是常识。

所谓常识就是普通知识，即一个生活在社会中的心智健全的成年人所应该具备的基本知识，包括生存技能、基本劳作技能、基础的自然科学以及人文社科知识等。既然都是“心智健全”的人，这些知识又是“基本知识”，难不到哪去，那就该好好去追求它、把握它，该和“美”谈恋爱了！

三、“吃着火锅，唱着歌，就把知识点给记住了”

恋爱是美好的，但是，追求一个心上人却是百般辛苦的事儿。在追求“常识”的过程中，大量知识点不免枯燥乏味，想得到知识点的垂青，就要有点小方法。“右脑画图记忆法”“武侠招式记忆法”“网游打怪升级法”“知识点串联法”“编故事法”“与高中历史地理相结合法”“音乐+图片+视频记忆法”“谐音记忆法”“口诀记忆法”“流程联想法”“声音记忆法”“韵律RAP记忆法”“顺序记忆法”等，都会使文艺常识变得生动有趣。

右脑图画记忆法

这里先来和各位看官聊聊平时笔者最喜欢用的“过目不忘——右脑画图记忆法”。

原理：“左右脑分工理论”。美国心理生物学家斯佩里博士（Roger Wolcott Sperry）通过著名的“割裂脑实验”，证实了大脑不对称性的“左右脑分工理论”，因此荣获1981年诺贝尔生理学或医学奖。

正常人的大脑有两个半球，由胼胝体连接沟通，构成一个完整的统一体。在正常的情况下，大脑是作为一个整体来工作的，来自外界的信息，经胼胝体传递，左右两个半球的信息可在瞬间进行交流，人的每种活动都是两半球信息交换和综合的结果。

大脑两半球在机能上有分工，左半球感受并控制右边的身体，右半球感受并控制左边的身体。左半脑主要负责逻辑理解、记忆、时间、语言、判断、排列、分类、逻辑、分析、书写、推理、抑制、五感(视、听、嗅、触、味觉)等，思维方式具有连续性、延续性和分析性。因此左脑可以称作“意识脑”“学术脑”“语言脑”。右半脑主要负责空间形象记忆、直觉、情感、身体协调、视知觉、美术、音乐节奏、想象、灵感、顿悟等，思维方式具有无序性、跳跃性、直觉性等。斯佩里认为右脑具有图像化机能，如企划力、创造力、想象力；与宇宙共振共鸣机能，如第六感、透视力、直觉力、灵感、梦境；超高速自动演算机能，如心算、数学；超高速大量记忆，如速读、记忆力。右脑像万能博士，善于找出多种解决问题的办法，许多高级思维功能取决于右脑。把右脑潜力充分挖掘出来，才能发挥人类无穷的创造才能。所以右脑又可以称作“本能脑”“潜意识脑”“创造脑”“音乐脑”“艺术脑”。

人的左脑主要从事逻辑思维，右脑主要从事形象思维，是创造力的源泉，是艺术和经验学习的中枢，深入挖掘左右两半球的智能区非常重要，而大脑潜能的开发重在右脑的开发。左脑是人的“本生脑”，记载着人出生以来的知识，管理的是近期的和即时的信息；右脑则是人的“祖先脑”，储存从古至今人类进化过程中的遗传因子的全部信息，很多本人没有经历的事情，一接触就能熟练掌握就是这个道理。右脑是潜能激发区，右脑会突然在人类的精神生活的深层展现出迹象；右脑是创造力爆发区，右脑不但有神奇的记忆能力又有高速信息处理能力。

结论：右脑是低耗高效工作区，不需要很多能量就可以高速计算复杂的数学题，右脑具有高速记忆、高质量记忆，过目不忘的本领，人的大量情绪行为也被右脑所控制。

左右脑功能图

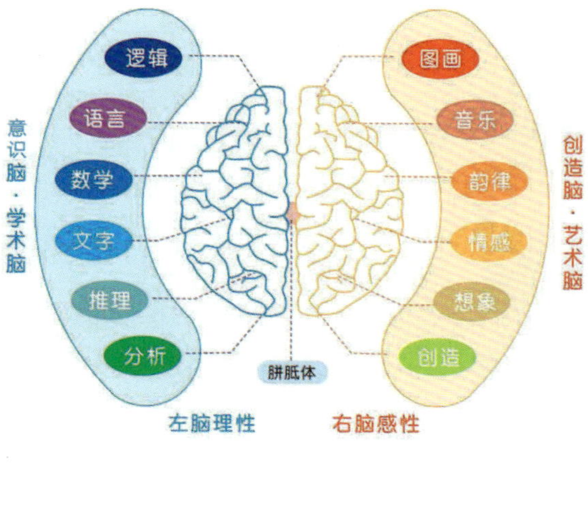

针对文艺常识我们来举举例子，如知识点“中国十大名曲指”——《高山流水》《梅花三弄》《夕阳箫鼓》、《汉宫秋月》《阳春白雪》《渔樵问答》《胡笳十八拍》《广陵散》《平沙落雁》《十面埋伏》。与其不断重复，不如一次性记住。各位可以看看下图，是否看到那十篇名曲？

具体操作步骤就是在课堂上让学生按照心中所想的“形象”，哪怕用最蹩脚的画法把它们画出来，用右脑的创造力和想象力来完成创造——记忆。画完后大家在一起解析自己的画作，解析过程一般就需要几分钟时间。我们拿上图举例：

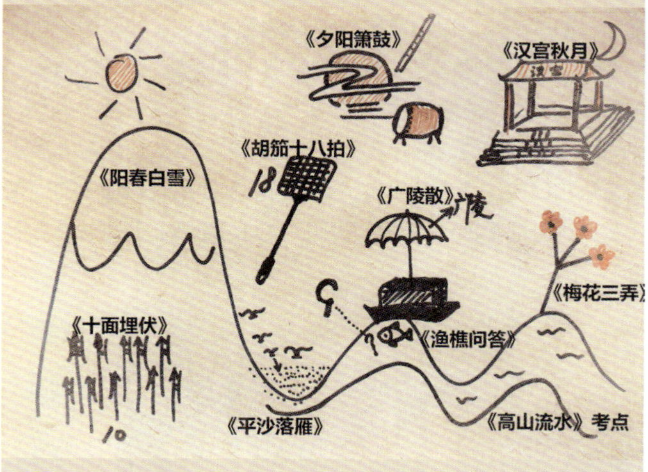

解释一下所谓象形，就是一个词、符号、数字等。我们就从它们的形状，选取与它们形状类似的图像来代替它们。比如，11筷子、69太极图、1笔、2鹅、3螃蟹、4小旗、5镰刀、6哨子，A箭、Z闪电、C马蹄形磁铁、E梳子、F冲锋枪、g蝌蚪，这些都是象形。对于美术水平一般的同学可以使用象形画图，哪怕火柴人都可以。

下一步就是讲《高山流水》的考点了。首推“俞伯牙和钟子期的故事”“知音这个词的由来”“高山是指泰山，流水是指泰山山涧溪流”“伯牙先生被誉为琴仙”等等。其次就是琵琶曲《十面埋伏》在第五代导演张艺谋的中国第一部商业大片《英雄》的“棋馆古琴”段落里演奏过，最好是看看“无名”和“长空”在意念里决斗那场戏，好让学生听一点《十面埋伏》的片段，拿“艺术脑”记住曲子。

再次，就是《广陵散》和“嵇康大神”的趣事了。琴曲《广陵散》的来历据《晋书》记载，此曲乃嵇康游玩洛西时，为一古人所赠。而《太平广记》里更有一则神鬼传奇，说嵇康好琴，有一次，嵇康夜宿月华亭，夜不能寝，起坐抚琴，琴声优雅，打动一幽灵，那幽灵遂传《广陵散》于嵇康，更与嵇康约定:此曲不得教人。公元263年，嵇康为司马昭所害。临死前，嵇康俱不伤感，唯叹惋：“袁孝尼尝请学此散，吾靳固不与，《广陵散》于今绝矣！”全曲贯注一种愤慨不屈的浩然之气，学生们一定能感受到嵇康的魏晋风骨，从而记住“广陵一曲，千古流芳。何为名士？唯有嵇康！”

注意，此时借着士气高昂，最好是接着就讲讲“竹林七贤”——竹林七贤指的是三国时期曹魏正始年间(240-249)，嵇康、阮籍、山涛、向秀、刘伶、王戎及阮咸七人，享有七贤之称。往年考试也常常出题，基本上是出填空题，让学生填写人名。所以，记住“哪七个人”以及他们的名字怎么写是首当其冲，至于顺序可以自己编个好记的口诀来记。教学中，这种根据A联想到B的教学方法就是“知识点串联法”，下文再表。先看图记人，无图无真相。

中间抚琴那位自然是嵇康，其他六个人怎么记住呢？运用谐音法和口诀法就立竿见影了。谐音法就是用发音相近的词来代替原词。加上口诀法就是利用核心词、韵脚、节律、图形等联想的元素组成的“麻辣烫”联想法（即所谓多种事物混合的综合产物）。一般口诀是5~7个字，我们来编个顺口溜“阮阮山王向嵇刘”，取其谐音“软软山汪向激流”，右脑又开始工作了：山（涛）泉水软软（阮籍、阮咸）地、慢慢地向（秀）着呼啸的激流（嵇康、刘伶）汇聚的场面就生成了，而且水还在流动，有风声和水声，美不胜收。这是一幅山水画，一幅由学生的右脑创造出来的画面。斯佩里认为右脑具有图像化机能，如企划力、创造力、想象力、直觉力、灵感等。

关于“过目不忘——右脑画图记忆法”可谓千变万化，也可以采用谐音与象形结合的方法。如：Q-球、M-门，QM就是球门；m-美，i像小人吧?所以mi就是美人。

知识点串联法

原理：利用事物间的联系通过联想进行记忆的方法。联想是由当前感知或思考的事物想起有关的另一事物，或者由头脑中想起的一件事物，又引起想到另一件事物。由于客观事物的相互联系，各种信息也是互相关联的，因而在思维过程中，联想是一种基本的思维方式，是加强记忆的一种有效方法。我们知道，记忆的一种主要机能就是在有关经验中建立联系，思维中的联想越活跃，经验的联系就越牢固。如能经常形成联想和运用联想，就可增强记忆的效果。

1. 接近联想。用相互接近的事物进行联想。例如:竹林七贤中的阮籍、阮咸都姓阮；西方音乐中德国“三B”：勃拉姆斯、贝多芬、巴赫名字开头字母都是B；古希腊三大悲剧家和作品：埃斯库罗斯的《被缚的普罗米修斯》、索福克勒斯的《俄狄浦斯王》和欧里庇得斯的《美狄亚》；英国浪漫主义诗人“二人组”：拜伦和雪莱；德国的“朋友二人组”：歌德和席勒；法国的“爷俩二人组”：大仲马和小仲马；“短篇小说之王们”：法国的莫泊桑、俄国的契诃夫、美国的欧•亨利。

2. 相似联想。用相似的事物联想。例如:意大利的地图像靴子；中国的画圣是吴道子，而文艺复习时期的画圣是拉斐尔；中国明朝的汤显祖有“临川四梦”，同时期的英国莎翁有“四大悲剧”；学堂乐歌就是外国音乐的曲调不变，重新填词的作品，例如李叔同的《送别》。

3. 对比联想。由相反事物的一方想到另一方。例如:中国的宋词有豪放派和婉约派；中国的绘画有院体画也有文人画；国外的文学家有浪漫主义的雨果和现实主义的巴尔扎克；戏剧有悲剧三大家和喜剧之父；俄国有蒙太奇电影学派而法国有长镜头理论；声画关系有声画同步和声画对立；广告有商业广告和公益广告；篆刻有阴文和阳文；音乐有交响乐和奏鸣曲；摄影构图有封闭式构图与开放式构图。

4. 归类联想，从同类事物中来联想，如CCTV、BBC、CNN、ABC、CBS、NBC、NHK。又如艺术的七大分类、中国古代的“六艺”、四书五经、三曹七贤、初唐四杰、唐宋八大家、唐诗双子星座、宋四家、元曲四大家、临川四梦、四大名著、晚清四大谴责小说、中国文学史上的几位巨匠“鲁郭茅巴老曹”、金庸先生的“飞雪连天射白鹿，笑书神侠倚碧鸳”、莎士比亚“四大悲剧”“四大喜剧”、“勃朗特三姐妹”、欧洲四大名著、欧洲三大电影节、华语电影三大奖等。

5. 因果联想。从原因想结果或从结果想原因。例如:司马迁将项羽写入本纪，是出于崇敬之情；嵇康给朋友山涛写《与山巨源绝交书》是因为山涛出仕为官；曹雪芹呕心沥血写《红楼梦》是人生写照；吴承恩讽喻时弊作《西游记》，是对身处官场的感慨；左联五烈士之一的柔石写《二月》，表达了进步青年强烈的时代声音，后被第三代导演谢铁骊改编成电影《早春二月》；高密人莫言写了故乡高密的《红高粱》；美国斯托夫人写了《汤姆叔叔的小屋》，把废奴文学推向高潮；美国美女作家玛格丽特•米切尔的《飘》被改编成电影《乱世佳人》，导演是维克多•弗莱明，主演是克拉克•盖博和费雯•丽。

6.创新联想。人为创造一种联系进行的联想。例如“白马正关”意为“一匹白马正被关在马厩里”，借此联想“元曲四大家”——白、马、郑、关所处的历史环境。又如淝水之战发生于公元383年，通过淝可联想到肥胖，由肥胖想到胖娃娃，而8字的两个圆正好是胖娃娃的头和身体，两个3则是两个耳朵。这样一想就记牢了。

创造联想尤以故事联想法最为常见。故事联想是最简单的联想。为什么简单呢？就像看电影一样，只要看过电影的剧情，就能回忆出电影的细节。的确，电影的情节应该比书本的知识更容易记住，电影除了具有声色光影外（听觉记忆＋视觉记忆），丰富的故事情节更是快速记忆的关键。所以不妨运用故事联想的方法，让记忆更牢固。

比方说，福楼拜是19世纪中期法国伟大的批判现实主义小说家，莫泊桑就曾拜他为师，著名作品是《包法利夫人》。有些同学面对这样的“作家一 作品对应”就很纠结，容易忘也容易张冠李戴。不妨借助谐音把福楼拜想成“扶”楼拜。一天包法利夫人死了，福楼拜先生在公寓楼梯口扶着楼梯跪地拜祭，后来大家就叫他“扶”楼拜了。经由自编自导的故事，就比较容易记住了。故事联想的优点是只要有情节，就可以记住所有要记的知识点。

因为篇幅所限，我们先谈两种小技巧。广大考生不妨试试，会收到意想不到的效果。

孙超

毕业于山东艺术学院，“影视艺考系列教材”编委，《中国传媒艺考》杂志特约撰稿人

摒弃浮华，秀出本我

——北京电影学院文学系艺考攻略

文/邓瑜

一、总体分析

在北京电影学院众多闪瞎眼的专业中，文学系既没有导演系的无上光环，也没有表演系那么星光闪亮，显得有些低调。但作为对学生生活积淀、思考能力和艺术素养都有很高要求的专业，文学系属于典型的“低调奢华派”代表。

北京电影学院文学系对本科生的考查除了基本的写作能力之外，更倾向于考查学生观察生活并提炼生活成戏的能力。

如果你是个对生活无感、鄙视八卦、对码字和胡思乱想没有兴趣的人，对你来说这个专业就会比较痛苦。如果你生来就喜欢思考人生、以胡思乱想为乐，喜欢阅读并认同“与人斗其乐无穷”，那么这里也许很适合你。

以前上课时，曾有同学说自己长得像文学系的，我才发现原来很多同学在意合不合这个系气质的问题。但不幸的是，不少同学为了找到这个合适的范儿，反而有些本末倒置。当然，长得好看，人见人爱、花见花开，对你考哪里都有帮助。但气质这东西毕竟由内而外，皮相好装，内在难炼。所以不管你长没长一张所谓的文学系的脸，如果你想来拜师，比起刻意端起文艺青年的范儿，倒不如找回你质朴的本质、展露你的特色，可能更能帮助你进入这里。

作为全国最好的剧作专业，文学系的老师都很精，常年和各种影视圈的人斗智斗勇。对于同学们的各种小伎俩、小演技，他们基本上都能一眼看穿，所以贵在真诚，比起各种量产的文艺范儿，还是努力发觉自我，让自己成为考场上那个最特殊的你，才真的靠谱。简而言之，做回一个真诚有趣的人。

进了被北京电影学院，人人想当导演是肯定的。文学系的毕业生本职是编剧，但做导演的人也比比皆是。

《失恋三十三天》的编剧鲍鲸鲸，《杜拉拉升职记》的编剧张巍老师，《不要和陌生人说话》的编剧和《北京遇上西雅图》的导演薛晓路老师，《李米的猜想》的导演曹保平老师，《春风沉醉的夜晚》《颐和园》《浮城谜事》的编剧梅峰老师，导演贾樟柯……，都是文学系的毕业生，并有不少留校任教。能够得到他们的教导，同学们毕业后不用担心自己会成为“毕业即失业大军”的一员。

二、关于文学系的老师们

系主任黄老师曾经说过“我们不培养大师，大师是自己修炼出来的，我们只教你怎么能吃上这碗饭”。戛纳最佳编剧奖的获得者梅峰老师时常讲授电影史、好莱坞电影课程，是类型片知识很丰富的人。如此，大致可以知道，文学系老师看重脚踏实地的学生，希望学生不仅有才气、有灵气，更要踏实、不浮躁。

剧作方向，黄丹老师、张献民老师、刘伽茵老师、薛晓璐老师、张薇老师等都是观点比较犀利的人，面试会随机问几个基础的问题，根据你的回答，如果对你有兴趣或者对你的创作有印象，会问一些更特殊的问题。其中张献民老师是著名的独立电影制作人、策展人，对冷门影片很有了解。黄丹老师很喜欢日本电影，多次邀请日本剧作家来文学系举办讲座。刘伽茵老师特别喜欢阿巴斯，所以不要轻易和她谈论阿巴斯。潘若简老师曾留学意大利，对意大利电影很有研究。薛晓璐老师观点犀利，说话往往一针见血，不太喜欢依赖性强的学生。

谈论电影时，不要为了显示文艺范儿，谈论一些你不熟悉的大师级导演，喜欢商业片很正常，真诚地说你真心喜欢的片子最好。如果你随口说来的大师刚好是某位老师的研究专长，那你可能就会被往死里问，到时你想抽自己都来不及。不要端着文艺青年、愤青的架势，言之有物，也不要怕你的观点和他们不太一样，能在面试和老师争论一下可是很不错的。

策划专业的老师们虽然比较温和，但眼神都不差，你肚子有没有货，几句话就能摸清。著名的杜庆春老师、梅峰老师等，都知识量惊人，如果他们在你身上感受到不一样的东西，可能会对你有帮助。杜老师是位很有怀疑精神的人，思维方式很难找到边界，是很多同学面试时可能遇到的大问题。他曾在课上详细谈论《127小时》和《社交网络》，对这种概念更新的东西很有研究。梅老师话不多，但能让他对你感兴趣，那是很不容易的。梅老师的电影史知识很丰富，对经典好莱坞很有研究，如果你喜欢比利•怀尔德的《双重赔偿》《日落大道》，弗里茨•朗的《血红大街》，对黑色电影有兴趣，大概会引起他的兴趣。

总之，务必展现你好学且能够深入讨论问题的能力。

三、备考文学系

总结出来，最重要的是两点：观察能力和思考能力。

观察能力需要创作者找到看待一件事的特殊角度，故事忌讳千篇一律、人物忌讳千人一面。很多考生习惯于用安妮宝贝式的咖啡厅小清新、小情绪式的创作来应对考试，可能会有些危险。

老师们注重学生是不是对生活充满了好奇心，能给他们讲点他们都不知道的东西，引起他们的兴趣就有成功的希望。所以出身偏远地区，生活在奇特民风氛围中的同学，如果能好好发掘自己的生活，应该会很有优势。

多想、多看、多观察、多阅读很重要。博学多思是创作的根基。基本上，你看过的影片考官们都看过，比你看得还多；你读过的书他们差不多也读过，比你读得还深。所以，面试时生吞硬背、徒有架势，却没有理解是最糟糕的。

要让他们对你和你的故事感兴趣，真正地感兴趣。你必须博取他们的好感，要能触动他们的情绪，深深地吸引他们，让他们不得不对你感兴趣。这个开启兴趣的点，可以是你的博学、幽默诙谐、独特角度，也可以是你的特殊经验……总之，进入考场之前，你必须根据对自己的认识，找到属于你的应考策略。

所以，大家要从应考心态上作调整。别以为你是去考试的，你其实是去上山拜师的。比起考试，拜师需要的东西更多，你必须靠自己的特质打动你未来的师傅。考试是被动的心态，拜师需要更加主动、积极的方式。

四、强化应考策略

剧作专业——剧作专业的老师都是一线创作者，各有自己的偏好。比起艺术片，他们会比较关注近年韩国、日本、美国，优秀商业片，韩国反映社会现实的片子，日本《电影旬报》每年的前五名，每年奥斯卡最佳剧本、最佳外语片等，所以各位需要对提名、获奖的影片多关注。

策划专业——策划的老师同样注重学生个人观点的表达，在这点上，除了知识量之外，知识的更新也很重要。老师们特别博学，所以那些你根本不懂的硬背的知识还是谨慎使用。除了电影相关知识之外，杂七杂八的社会学知识最好懂一些，是你的兴趣的话最好。对当代艺术、先锋艺术思潮、独立电影、新的视觉形式等要有所了解，能够在写影片分析和面试时为你加分。

文学系的考试除了拼创作，还有各位同学的文化、生活积淀。同学们可能会感到什么都要准备很辛苦，但是只要你对自己有信心，只要你平时有积淀，临考时心态放好，文学系一定会成为你梦想开始的地方。

邓瑜

毕业院校：

（本科）中国传媒大学动画学院

（研究生）北京电影学院文学系

代表作品：

参与电视剧《抹布女的春天》的创作

动画短片《里/面》

精诚所至，金石为开

——中国传媒大学播音与主持艺术专业（2015级）张舒越的艺考之路

英国首相丘吉尔曾说，世界上最困难的事情之一就是：当众讲话。可不知怎么，我从小就喜欢在很多人面前，心里忐忑却假装淡定地说话的感觉，或许这也是我选择播音主持的原因。

我没有坚持学任何特长。坚持不下去的原因说到底是不够热爱吧，可对播音主持我情有独钟。我喜欢听、喜欢看、喜欢琢磨，给我一篇稿子让我处理，我能打心眼里高兴一整天。喜欢的事慢慢就能做好，做得越好也就越喜欢。齐越节的视频，名家名篇的诵读，《新闻联播》，这些别人觉得枯燥的东西在我看来都无比生动。这里也建议师弟师妹们如果真喜欢播音，喜欢有声语言，就一定要多花心思去研究它。

坦白告诉大家，我不是那种特别刻苦的孩子，可我唯一的优点就是上课十分认真。我有一个小本子，记了老师指出的错误、操作性强的语言技巧、利用率高的名言、出现概率大的问题。每次考试之前都会看上一两遍，时间久了都能背下来，哪句话大概在哪一页都能知道。学到现在我发现有的同学读不好的原因并不是声音做不到，而是耳朵不好用，总是达不到老师示范的标准，这是一个致命的问题，可解决的办法也唯有多听了。这里也建议像我一样不够刻苦的师弟师妹们，一定要把别人课后付出的时间精力用高效的课堂输入弥补好。

微博上有人发起过这样一个活动“用一句话证明自己学过播音主持”，我没有半点犹豫地选择了“说人话”这个选项。“说人话”，如此通俗易懂的三个字却很难做好，比如很多人在处理自备稿件时，全篇使用朗诵技巧，却找不到真情的痕迹。或者很多人读新闻的时候使用固定腔调，听起来十分生硬。我们是语言工作者，用我国播音界泰斗张颂老师的话讲，我们需要完成“深入理解—具体感受—形之于声—及于受众”的过程，目的是让别人听懂，听得舒服。我也在努力学习“说人话”，希望和师弟师妹们共同进步。

即兴评述呢，建议师弟师妹们关注“央视新闻评论员”。我也还在学习，怕说了自己不太正确的想法误导了大家。

记得中传初试的上午，我起个大早去明德桥边练声，一起练声的同学又增加了我对这里的向往。怀着

张舒越

性别：女

出生日期：1997年4月11日

毕业高中：哈尔滨三中

艺考成绩：

中国传媒大学播音主持全国第一

浙江传媒学院“未来主打星”女生全国第一

吉林大学播音主持全国第一

中央戏剧学院播音主持合格

黑龙江省联考全省第五

无比忐忑的心情，我进了考场。“老师好，我的名字是张舒越，我的中传考号是……南广考号是……”老师们呢，则是淡淡地笑着，听我说完后问了我一个问题。将三个词连成一个内容，我选择用这几个词进行一次模拟主持。机智的选择让我成功完成了任务。接下来的复试也是一样。如果现在让我传授临场经验我只能说，亲爱的考生们，做自己就够了。老师喜欢的不是一个同类型复制的你，而是独一无二能被人记住的你。

不得不提这样一件事，浙江传媒学院“未来主打星”比赛。幸运的一等奖让我知道了自己在全国艺考生中的大致水平和日后努力的方向，无形中给了我很大的自信，也是这个比赛让我收获了除了临场经验以外更重要的东西——20个全国各地的小伙伴。从他们身上我又学到了很多。每年的“未来主打星”比赛都是一个很好的锻炼机会，大家一定要抓住，小星星们加油！

最后说到文化课。

先给大家列一些数字吧，2015年中国传媒大学播音与主持艺术专业女生前10的人，没有一个文化课分数低于当地一本线分数的95%。上戏一本优先的原则下，5个一本线的女生硬生生挤掉了小圈里的5个人，很多专业排名很好的同学因为一两分无缘名校。事实就是这样，比你各方面都优秀的人现在依然比你努力得多。其实能把专业课学好的人对待文化课也不会懈怠。这里强烈建议师弟师妹们抓紧一切时间学习文化课，包括艺考前和艺考期间，高考结束之后玩的时间有的是。

现在我还能想起得知自己中传第一的那个下午，之前

我们像“狼来了”里的村民，被各种要下成绩的虚假信息蒙蔽了双眼，我甚至还因为焦虑地等待成绩39度高烧一个星期。有一天突然能查成绩了，“全国专业第1名”几个字让我激动得浑身发抖，微博涨了好几千粉……梦想实现的感觉实实在在的。

我的艺考培训经历是我最难忘的。在这里，我要感谢所有老师们的细心呵护，感谢老师们的尽职尽责，感谢老师们对我们满满的爱。

师弟师妹们，希望你们和我一样，共同成长，做广院最美的小白杨！

全国六所省属综合性艺术院校一直是艺术类考生考试和冲击的重要高地，对于重点艺术院校的考试流程、考试专业、考试方法、考试原则和考场消息也是每个家长和考生关注的重中之重。所以，从今天开始，小彬老师将会用六辑的内容，摘抄出传媒影视这一大类，原汁原味地还原全国综合性艺术院校的相关细节，帮助各位考生集中时间科学备考。

这里所讲的全国六所省属综合性艺术院校就是咱们平时所说的“中国六大艺术院校”，分别是：南京艺术学院、广西艺术学院，山东艺术学院、云南艺术学院、吉林艺术学院、新疆艺术学院。六所院校各有所长、优势互补、特色鲜明、风格迥异。所以说，小彬老师会带领大家一起细细品味每所高校的风韵之美，争取给大家提供一个科学、立体的参考。

全国综合性艺术院校考试攻略

第一辑 秦淮河畔话南艺

在六朝古都南京，有一所高校刚刚过了100岁生日，她不经意之间走过了百年！说起这所大学，有人说那是一所“考进来后悔四年，考不上后悔一辈子”的高校，在鳞次栉比的南京市里，她闹中取静；在高校扩建搬迁热潮中，她独自坚守；在全国院校疯狂合校时，她保持了自己应该有的姿态和特色……她就是南京艺术学院（以下简称“南艺”）！

说起南艺在“中国六大艺术院校”是第一，那绝对是“大哥中的大哥”，不仅仅因为她有百年的办学历史，更因为她与广西艺术学院、山东艺术学院三所院校是目前为止仅有的三所国家文化部和省级政府共建的艺术院校，而且她也是其中唯一一所有资格招收博士生的综合性艺术院校。怎么样，现在知道南京艺术学院的厉害了吧！所以说，艺考的童鞋们你们要努力努力再努力了！

下面，我对南艺的传媒影视类专业做一个详细的分析。

作为传媒影视的考生，如果想考，以下几个专业是我们可以选择的：理论类专业，广播电视编导专业、影视摄影与制作专业、戏剧影视文学专业、 戏剧影视文学（影视策划与制片）专业、戏剧影视导演专业、音乐传播（音乐编导与策划）专业、播音与主持艺术专业,看到这些童鞋们是不是已经开始晕了？下面,我将就这些专业一一为大家说明。

1. 广播电视编导、影视摄影与制作专业

南艺的广播电视编导专业和影视摄影与制作专业都隶属于传媒学院。

考试内容分为面试和笔试两个部分：面试主要考查自我介绍、回答考官提问、才艺展示三个环节；笔试主要考查故事续编、故事分镜头改编和影视作品分析。

先说面试：由于每年报考南京艺术学院的考生较多，所以在自我介绍这个环节中尽量要节省时间，简单地把自己的特点爱好讲清楚就可以了，没有必要过于花哨，控制在1分钟之内为好。而回答考官提问这个环节，老师主要从两大方面考查：一是从考生的自我介绍中提取信息和考生交流，二是一些文学、影视或者是热点常识。比如老师会问：“中通外直，不蔓不枝”形容的是什么植物？请你说说今年中国网络上出现了哪些让你印象深刻的网络用语？等等。所以说，平时的准备非常重要。另外，很多同学会问才艺展示到底要表现什么，其实在才艺展示这个环节老师重点看的是这个学生的综合素质和表现能力，只要是能体现自己风格的、表现出自信的才艺就是好才艺。往年很多同学会表演魔术、乐器、舞蹈等才艺，老师们都很喜欢，所以说大胆秀出自己的风格，是面试胜利的一个法宝。

初试过后，会有一半的考生进入复试。复试的考查也是三

真题节选：

■面试■

回答考官提问

1. 请说出三个韩国导演的名字。【2016年南京艺术学院广播电视编导专业】
2. 设计一张跑男的海报。海报是什么颜色的？【2015年南京艺术学院广播电视编导专业】
3. 编导和导演的区别。【2016年南京艺术学院广播电视编导专业】
4. 中国电视剧和美剧的区别是什么？【2016年南京艺术学院广播电视编导专业】
5. 怎么看待视听语言这四个字？【2016年南京艺术学院广播电视编导专业】
6. 治疗糖尿病的药。【2015年南京艺术学院广播电视编导专业】
7. 与爱因斯坦齐名的现代舞创始人。【2015年南京艺术学院广播电视编导专业】
8. 现今年轻人为了追求物质，成为房奴和车奴，你怎么看？【2015年南京艺术学院广播电视编导专业】
9. 如何看待电视产业恐慌？【2016年南京艺术学院广播电视编导专业】
10. 白色、灰色是冷色调吗？【2015年南京艺术学院广播电视编导专业】

■笔试■

【2015年南京艺术学院影视摄影制作专业（湖北考点）】

一、故事续写

小胖的妈妈答应他回家给他一个生日惊喜，当小胖回到家后，发现家里空无一人，只有桌上有一张红色的纸条……

要求：1000字以上。

二、故事分镜头改编

根据给出的材料《画蛇添足》，用8个以上分镜头表现出来。

三、影视作品分析

观看微电影《月亮与猪肉》，进行作品分析写作，字数不少于1000字。

项：材料故事续写、分镜头脚本（剧本）写作、影视作品评论。材料故事续写就是给你一个材料，让你以这个材料为开头，往下续写故事。2015年北京考点的考题我给大家列出来，大家可以自己感受一下“张华是本市的优秀三好学生，今天是北大自主招生的大日子，本应该出现在考场外候考的张华却迟迟没有出现……请以此为开头续写一个不少于800字的故事”。回答这类题目，一是要扣题，二是要注意合理性。张华没有来的合情合理的原因到底是什么。是他的家里出现了重大变故，还是他的同学故意给他使坏？……这些合理的原因经过你的思考和拼贴，就是一个好故事。笔试的第二部分是分镜头脚本的写作，2015年北京考点给了出《刻舟求剑》的故事，让考生根据这个故事写出分镜头脚本。这个题目看似很专业，其实是有模板和规律的，建议想考南艺编导的同学们在考试之前找找专业老师，好好梳理一下分镜头脚本写作的格式、注意事项、要点、类型等，并且自己多练习一下，在考场上就能轻松应对啦！最后一项是影视作品分析，就是咱们俗称的影评了。2015年北京考点放映的是20分钟左右的微电影《天堂可以等》，让考生写出不少于1000字的评论。在这里需要注意的是字数要达到要求，格式要正确，尽量找一个不落俗套的评论角度，增加文章的文学性。建议考生平时在备考时多看些微电影，找到适合自己的评论风格。

还要告诉大家一个好消息，广播电视编导和影视摄影与制作两个专业的考试内容是相同的，考一次就相当于考了两个专业。如果4月份确认通过了校考，高考报名的时候既可以报编导专业，也可以报影视摄影与制作专业，这是学校给大家的福利啊！这两个专业总共招收78个人，发证在320张左右，按照文化课成绩录取，所以大家一定要努力努力再努力！

2. 戏剧影视文学专业（影视策划与制片）

戏剧影视文学（影视策划与制片）专业隶属南艺的电影电视学院，是江苏省的强势专业之一，也是南艺的品牌专业之一。戏剧影视文学专业每年在全国招收21个人，发证数量一般是85张左右，文化课分数要达到考生所在省份二本线分数的75%，然后按照文化课成绩录取。

这个专业也有两轮考试，第一轮是笔试，第二轮是面试。

笔试考查的是文艺常识和命题写作（论述题、材料作文、思维测试题）。看似简单，其实内藏玄机。文艺常识有25个题，全是填空题，一般命中率要控制在23个才能不拉分。出题范围一般是文学、电影和其他。戏剧影视文学毕竟要落脚在文学上，所以文学常识和古诗文（高中要求背诵篇目）默写是备考时要着重准备的。填空题之后是一篇材料论述题，往往和电影或实时热点有关。2015年考题是“科学技术的进步和当代电影之间的关系”，要求不少于600字。这样的论述不要求写得多么高深，但一定要言之有理、言之有物。把自己想要说的话写明白就成功了。每年阅卷的老师都反映说看很多同学的答题卷子是一种煎熬，因为前言不搭后语，起码的布局和思路都搞不清楚，所以怎么会让这样的考生进入下一轮？论述题之后是写一篇不少于800字的材料作文，与高中语文试卷中的作文类似，给出一句话或者是一个材料，写一篇考场作文。2015年考题是关于“恬淡人生”的一段材料，材料不难，立意简单，就是看考生的文采。所以在考试之前，考生要准备几篇优秀的高考考场作文，以备不时之需。思维测试就是很简单的逻辑题目，考查同学们的逻辑表达能力和分析问题的能力，难度很小。

一轮笔试之后会刷掉四分之三的人，一般有400人左右进入复试，然后是残酷的“十里挑一”环节。在影视制片的考场上，老师看的就是三个点：表达、自信、应变。咱们先看一看考什么吧。复试考查“专业素质测试和创意能力测试”，5人一组，每组20分钟的时间。这个专业素质测试和能力测试考试项目不是南艺的首创，之前在中国传媒大学和北京电影学院也有类似的考查，其实就是“无小组讨论”，5人一组进入考场，一人抽一个号，随机给你一个信封，打开信封，会看见类似这样的考题：假如南京艺术学院开办一场青春、激情的学生演唱会，1号同学是导演、2号同学是策划、3号同学是场务、4号同学是后勤安保、5号同学是艺人统筹……请讨论5分钟，回答老师问题。拿到指令之后，会安排考生在指定的区域内集体讨论，5个老师会默不做声地看你们的状态，你是故作深沉的“思想者”，还是一个喋喋不休的“大忽悠”，老师在5分钟之内肯定看得出来。然后老师会根据每个人的角色随机提问，十几分钟后，老师心里就有数了，问的问题五花八门。比如赞助怎么拉？艺人和艺人之间不和怎么办？如何注意会场的卫生？如何注意领导的安全？别人学校有范冰冰，咱们南艺只有碎碎冰，怎么竞争？……只要说服他们，让5个老师心服口服，你就赢定了！在这场考试中，考生要注意保持从容、自信，不要无理取闹，不要犯常识性错误，要对自己说的话负责，切记不能抢话、接话，要显示出与众不同和深思熟虑之后的想法和状态……所以说前5分钟的“集体讨论”非常重要。

真题节选：

■面试■

【2016年南京艺术学院戏剧影视文学专业（影视策划与制片方向）】

回答考官提问

1. 假如李安要来南京艺术学院办影展，你要怎么策划？
2. 以“饮”策划一部微电影。
3. 以“环保”为主题策划一档电视栏目。

【2015年南京艺术学院戏剧影视文学专业（影视策划与制片方向）】

一、回答考官提问

1. 策划关于留守儿童的微电影。
2. 是否了解韩国电影？
3. 请分析自己作品中的构图技巧。

二、创意策划

1. 为南京艺术学院电影电视学院莱昂纳多影展设计一个策划方案。（5分钟准备，2分钟回答。）
2. 为南京艺术学院首届中韩电影展做一个策划方案。

■笔试■

【2016年南京艺术学院戏剧影视文学专业（影视策划与制片方向）】

材料分析

阅读材料，谈谈电影产业发展的必备要素条件。

【2015年南京艺术学院戏剧影视文学专业（影视策划与制片方向）】

一、填空题

1. 《子虚赋》《上林赋》的作者是 _____ ，与其同属一个朝代的同一体裁的文学家有杨雄、班固、张衡。
2. 被人们与爱因斯坦相提并论的早期现代舞奠基人是 _____ 。
3. “自强不息，止于至善”语出 _____ 。
4. 唐朝诗人 _____ 的诗句中有这么两句“凤凰台上凤凰游，凤去台空江自流”。
5. 顾城的诗“黑夜给了我黑色的眼睛，我却用它寻找 ____ ”。

二、论述题

苏格拉底说：“我们的需要越少，我们就越近似神。”请谈谈你对这句话的理解，不少于800字。

【2014年南京艺术学院戏剧影视文学专业（影视策划与制片方向）】

一、填空题

1.《文心雕龙》是我国第一部有严密体系的文学理论著作，作者是 __ 。
2.《资本论》的作者是 _____ 。
3.蒸汽机是 _____ 国人瓦特发明的。
4.电影《甲方乙方》的导演是 _____ 。

二、论述题（60分）

2013年，中国电影票房冲破200亿大关。综合2013年高票房的几部中国或外国影片，说说它们为什么能够取得高票房。字数要求不少于800字。

3. 戏剧影视文学专业

戏剧影视文学也是隶属于电影电视学院，和影视策划与制片专业同宗同源，主要培养戏剧、电影、电视的编剧人才，所以考生的文字能力在戏文的考试中至关重要。它的录取规则、文化课要求和影视策划与制片专业相同，那咱们就来重点说一下考试内容吧！

戏剧影视文学也是先进行笔试，这样可以把那些文笔较弱、字迹潦草、态度不端正的考生先刷走一大半。笔试主要是分两项：文学艺术基础知识和写作。文学艺术基础知识跟影视策划与制片的考试大体相同，不再赘述。写作一般是要求“散文写作”，就是写一篇散文。近几年南艺的散文考查已经不再局限于所谓的“叙事散文”了，可以是叙事散文，可以是抒情散文，也可以是议论散文，具体要求考场上老师会明确告知，这就要求考生在平时多注意散文的积累和练习，多找几篇形式、内容俱佳的散文，自己多加琢磨，做到心中有数。

初试过后，就是面试。戏文的面试考查相对来说比较简单，有两组信封，根据指引员的指引，随意抽取，一组是涉及文学、历史、电影、电视、文化热点的题目，现场读题，现场表述；一组是三个词语组合故事，要求考生准备好之后，进入考场，大方表达，所以临场应变、知识储备、故事积累、总结反思的能力将在这短短的几分钟之内综合体现出来。考官根据考生的表现，现场打分，录入电子档案，按照分数高低排名录取。

真题节选：

■笔试■

【2015年南京艺术学院戏剧影视文学专业】

一、文艺常识（20分）

考试要求：任选一题回答，不少于500字。

1. 简要分析海明威小说《老人与海》中“老人”的艺术形象。
2. 请对比分析《牡丹亭》与《西厢记》爱情的异同。
3. 请分析《雷雨》中繁漪的人物形象。
4. 在你阅读过的各类小说中，哪一部适合改编成电视连续剧，请说出理由。
5. 请选择宁浩导演的一部作品进行简要评析。

二、命题写作（130分）

考试要求：

1. 字数：1500字左右；
2. 以写人记事为主的叙事散文；
3. 在以下两个题目中任选一个题目写作，不得自拟题目。

考试题目：

《看不见的城市》《不再任性》

【2014年南京艺术学院戏剧影视文学专业（南京考点）】

一、填空题

1.书法史上论及宋代书法，素有“苏、黄、米、蔡”四大家之称，其中“黄”是指 __ ，“米”是指 __ 。

2.吾尝终日而思矣，不如须臾之所学也； _____ ， _____ 。（《荀子•劝学》）

3.结庐在人境，而无车马喧。 _____ ， _____ 。（《饮酒》）

4.沧海月明珠有泪，蓝田日暖玉生烟。 _____ ， _____ 。（李商隐《锦瑟》）

5. _____ ， _____ 。仁以为己任，不亦重乎？死而后已，不亦远乎？（《论语•泰伯》）

6.它山之石， _____ 。（《诗经•小雅•鹤鸣》）

7.长篇小说《四世同堂》是 _____ 的作品，他还有代表作品短篇小说集 _____ 和剧本 _____ 等。

8.《牡丹亭》是明代 __ 的作品，讲述了 __ 和 __ 的爱情故事。

9. _____ 被称为“史家之绝唱，无韵之离骚”。

10.曹禺除了《雷雨》之外，还有代表作 __ 、 __ 、 __ 。

二、散文写作

题目：散文《房间》《明月照人来》任选一篇

具体要求：

1.题目不能自拟。

2.字数在1500字以上。

4. 戏剧影视导演专业

这个专业也是隶属于电影电视学院，是南艺影视传媒类专业中考试时间跨度最大、考试内容齐全、综合素质要求较高的专业之一。全国录取10个人，发40张合格证。要求分数达到考生所在省份二本线分数的70%，按照专业成绩录取。文化课达标之后，一般全国前13名的同学都有希望录取。

说说考试内容：

初试：（1）朗诵（自备作品，限3分钟）（2）命题集体小品（3）自我介绍

复试：（1）笔试（文艺常识）（2）笔试（命题写作）

三试：（1）面试（综合素质测试）（2）才艺展示（3）表演（命题小品）

初试进入考场，先进行自我介绍，老师大眼一看，就会打个分数。接下来，5人一组，抽题表演小品，大多是“考场外”“火车站的候车大厅”“医院内”这样的地点类题目，最后是个人朗诵，老师会酌情打断你，所以自备稿件的准备需要找专业的老师指导，做到既适合自己，又能够展现自己的自信、阳光就OK啦！复试是文艺常识的考查，这个专业的文艺常识难度和上面两个专业难度相当，不做赘述。命题写作也是散文的考查，主要是看考生是否具有作为一个导演的文学基础。到最后一试，所剩的人就寥寥无几了。老师会指定题目，让考生现场表演小品片段，刻画小品中的人物形象。才艺展示环节考查艺术素养和感知能力。综合素质测试就是根据现场的环境，随机提问，考查考生的表达和临场反应能力。

考导演专业，考生需要平时加大练习的力度。另外，考试时全程录像，所以考生对自己的身材、着装也要注意注意再注意。

真题节选：

■面试■

【2016年南京艺术学院导演专业（南京考点）】

小品

1. 班级门口
2. 不欢而散
3. 沙漠，水
4. 一个大雨滂沱的早晨
5. 女生宿舍来了个男人
6. 再聚首
7. 十字街头
8. 大扫除
9. 火车站贩票

【2015年南京艺术学院导演专业】

集体小品，5—6人一组进行集体表演

1. 火锅店
2. 等车
3. 考试前一天的聚会
4. 晨练公园
5. 情人节傍晚的电影院门口
6. 子夜
7. 一个男生闯进女生宿舍
8. 堵车
9. “各种节气”
10. 二十年后的相逢

■笔试■

【2016年南京艺术学院导演专业（南京考点）】

一、填空题

1. 芭蕾舞起源于________。（国家）
2. 《梁祝》（小提琴）的作曲者是________。
3. 狮身人面像在________（国家）。
4. 《围城》的作者是________。
5. 《定军山》的主演是________。
6. 中国第一部电影放映地点________。

二、命题写作

1. 谜一样的双眼
2. 我和……
3. 数学课

要求：三选一写一篇800字左右的故事。

5. 音乐传播（音乐编导与策划）专业

这个专业的考试内容融合了音乐知识和编导知识，所以每年很少有人报考。这个专业隶属于流行音乐学院，开设于2008年，是南艺为了发展艺术综合学科、拓展艺术领域背景下设立的新型专业。大学课程主要是音乐史论、影视剪辑、舞台策划三大部分。由于成立时间较短，所以还很小众，但是从2012年以来，报考的人数也是年年递增，考试的难度也有所增加。全国录取35人，发放140张合格证。文化课分数要求达到考生所在省份二本线分数的70%，按照文化课+专业课排名录取前35人。

考试分为两试：一试是综合面试，包括回答考官提问和现场才艺展示两个环节。值得一提的是，这个专业的才艺展示非常重要，因为报考的人数少，所以考官会让所有考生把才艺表演完，要是没有过硬的才艺，现场露怯，老师会抓住这个问题不放："为什么会失误啊？""才艺是为了应付刚练的吧！""刚才唱歌没节奏，你听出来了吗？"因为这些老师大部分是搞音乐、懂旋律的，舞蹈、朗诵、武术、唱歌的节奏不对，老师一听就能听出来，所以才艺不精的同学要加强你的才艺训练喽！

真题节选：

面试

【2015年南京艺术学院音乐学（音乐传播）专业】

一、才艺展示

二、抽题作答

1.你希望在大学里面收获什么？
2.你想在团队里面担任什么样的角色？
3.你怎么看待感恩？
4.你做了什么最后悔的事情？
5.觉得自己最遗憾的事情是什么？
6.假如生活欺骗了你，你会怎么做？

笔试

【2015年南京艺术学院音乐学（音乐传播）专业】

一、分析创作

下列两题任选一题

1.用20个镜头描述一次《班级晚会》，要求叙事，不得使用对白。
2.根据下列谱例，分析该作品的音乐元素。（如旋律、线条、节拍、节奏、作品音乐主题、音乐形象、调式、调性等）
谱例：《父亲》（筷子兄弟）

二、议论文

韩国音乐文化受青少年追捧的原因分析。要求观点明晰、字迹清楚、文理通顺，不少于800字。

淘汰一批弄虚作假的人之后，二试就是看你的文笔和表达了。考试内容是论文写作和专业素质测试。论文写作是就社会热点现象发表看法，一般要求1000字。比如：你如何看待影视明星"假唱"？如何看待《中国好声音》收视率下滑？问题都是一些音乐文化热点，考生都能写出东西，但是写得好与不好就看平时的积累了。考完笔试，监考老师会指引考生到指定候考区，等待专业素质测试。考官一般会让考生现场编讲一个故事，或者放一段音乐，让考生根据理解讲出感受，或者是让考生谈一谈看过的音乐舞蹈类型的节目晚会抑或是电影……

这就是南艺音乐传播专业的考试了。要注意的是：一是才艺很重要；二是文笔要规范；三是表达要流畅。这样，你就能在音乐传播的考场上无往不胜了！

6. 理论类专业

在南艺有个非常有特色的专业类别，在考试的时候统称为理论类专业，包括美术学、美术学（书画鉴赏）、艺术设计学、美术学（文物鉴赏研究）、美术学（文化遗产研究）、艺术史论在内共六个专业，每年录取150人左右，发放600多张合格证，拿到合格证的同学按照文化课从高到低录取。所以说，这类专业非常适合文化课成绩高，并且文笔较好的同学报考，有的省份文化课最终录取到500分以上（750分制）。

考试内容很简单，就是写一篇议论性文章。看个考题："艺术的伟大意义，基本上在于它能显示人的真正感情、内心生活的奥秘和热情的世界。——罗曼•罗兰。根据这句话，结合你自己对艺术的理解和现实中的实例，写一篇关于对艺术认知的议论性文章，要求1200字，不得抄袭和套作。"这是2013年理论类专业山东青岛考点的考试真题。每年来自阅卷的老师的反馈是：只要是高三的学生能够按照议论文的格式、要求等，思路表达明确，把自己想写的主题通过具体的例子论证清楚，我们就给过，但是很多同学不仅表达不清楚要写的文章主旨，更有甚者跑题偏题，语言幼稚，更不用说字数不够，中途弃考这样的荒唐事件。所以说，想要在理论类考试中拔得头筹，就必须在文章的内容和形式上下功夫，考试之前找一些艺术理论或者是文化史论方面的资料和文章，自己反复研究一下，试着写一些关于"艺术与生活""艺术与科技""艺术与未来"等主题的文章，多练一练笔，考试就会比较从容。

不得不说的是，理论类专业只考一篇议论性文章，而且是"以一敌六"，就是你过了这一个，就相当于过了六个专业。这六个专业成绩是相互承认的，这是一个冲击名校的契机，有理想的同学要好好把握。

真题节选：

■笔试■

【2016年南京艺术学院艺术史论专业】

论文写作

美术史："宗教与艺术"（题目列出了一些基督教题材的美术作品的例子）、"绘画的品位和格调"（根据黄公望关于绘画的回述）。两道题二选一。

【2016年南京艺术学院美术学专业】

论文写作

谈谈你对欧洲文艺复兴古典主义的认识，写一篇不少于1200字的文章。

好的，说了这么多，同学们一定对南艺的考试有了一个更深入的了解了吧，虽然南艺有"百里挑一"的传说，但是只要同学们仔细规划、科学部署，肯定能够在百年南艺中留下自己浓墨重彩的一笔。下一辑是关于广西艺术学院考试的文章，请同学们耐心期待吧。

亓彬

《中国传媒艺考》杂志特约撰稿人。曾获得"新概念"作文大赛全国二等奖。《萌芽》《意林》《求学》的专栏作家。

厚积而薄发
——中央戏剧学院师哥分享艺考经历

文/刘雨亭

艺考 之外

《一代宗师》里宫二有句台词：我爹常说，我这种人，唱戏能成名角，出家能成高僧，因为我痴。

作为一个影迷，入戏太深，萌生了要拍电影的念头，且笃定如此，打那一秒就无视任何阻拦，不管是好心的还是恶意的，我想这就是痴。回想四年，除了学点文化，脑袋里想的都是电影，真有点辗转反侧寤寐思服的意思，喜欢姑娘也大抵如此吧。

我看了一千多部片子，电影票摞起来压紧了近一手掌高，早先的时候常常不吃午饭攒钱买电影票，短片拍过几部，大冬天手指冻僵到按不下录制键。准备艺考时我也无比用力，第一篇散文我写了半年多时间，改过十一遍。

如果把坚持、勤奋、勇气也算作痴的附属属性的话，就算没一点天资和功夫，痴都能带我上路。

备考 努力

梦想起源于兵荒马乱的初三，身在实验班的我习惯干点闲事减减压，从边写作业边看片子到不写作业看片子，阅读时开始越来越渴望画面感。初中毕业后，新校旁建了家影院，日子我都还记得，八月八，第一次有意识地进入影院观影，感官受到极大震撼，于是口头家书一封，我要考导演。

为此高一时弃理从文，化学物理课上边抄同桌的笔记边背文艺小百科和翻阅第11版的《认识电影》，还规定自己每天编讲两个故事。利用闲余时间构思时，常被同学调侃怎么这么深沉。讲故事结巴，被笑话听得全国人民都着急，但我还是一遍遍地讲，录下来听，直到流畅为止。至于看电影，更是像烟民吸烟一样戒不掉，没事就想看上一部，到后来自己也想拍片，编、导、剪全都一个人。

鉴于我的精力几乎都给了电影，班主任不忍心他这个实验班的苗子起了歪心，甚至督促家里人给我请心理医生，但我还是无动于衷。直到高二时机缘巧合遇上一位导演，他说我是个认真的孩子，很有戏，才安了家长的心。

同时他也说我有个问题，大片看多了，编的故事不生活，我当然很着急。后来，跟着高三语文老师学写散文时突然意识到散文都是生活的东西，且能在泥土中结出花来。老师说：琐屑处有无限烟波，是见功力的事情。那是我第一次在艺术上有了近于欣喜的认识。于是我就有了一篇散文改上十一次的动力，以及每次能自觉精进后的巨大欣喜。

尽管如此，我第一年艺考还是“挂”了，北电导演四试和中戏导演三试考完“死”于没有合格证。查到没有合格证的当晚，我就决定休学准备复读，直至2015年拿到合格证才回学校学文化课。 回家后，我仍旧一直在练习写散文，到后来都几乎放弃了编故事，也就等同于放弃了北电主攻中戏，这么看来我还是有些任性的。

总的来说，想通过艺考，除了要有必备的基本功（笔头考试），还要有特点有风格。可以说，最后通过影视编导的考试，很大一部分靠的是风格。

艺考 幸运

影视编导的二试是散文，除了上述内容之外，详细来讲，写散文有两种，一件事型或几件事型。一件事参照《背影》，其实这种较难写，毕竟要撑起两千字，又要细腻又不冗长，有时不是功力的问题，而是可供选择的题材过于稀少，所以我偏向于建议大家写这样的文章：首先，要找到你和一个人的一种感情，而这种感情内在要有一个转变，譬如由不喜欢到喜欢，转变体现在事件中，最关键的事件就是令你转变的那个事件，而这种转变不要让它突然或生硬，而是要微妙，露出冰山开始融化的一角就可以了。记得我的老师举过一个例子，一位父亲和一个儿子之间一直有隔阂和矛盾，直到有一天，父亲决定认同他的儿子，就走到儿子身边，点了两根烟，和儿子一起抽，默默无言，冰山已开始融化。

一试、三试是面试。自己要有书单、影单，我的书单就是白先勇四部曲、朱天文三部曲。准备的书单、影单我都是看过不止三四遍的，因为老师会问影片细节处，年年固定问题之一就是说一件你喜欢的电影里的道具，都不用做任何解释，光凭一件道具，老师便能分辨学生能力的高低。

对了，还有一点，如果能把老师逗开心也会有很好的效果，我在面试时被老师问到《横道世之介》里世之介在自己的朋友坦白同性恋时的反应，我顿了一下，蹦出一句“你是在跟我表白嘛！”（世之介的台词）老师边笑边点头说“对对对”。

当然这只是我个人的风格，而每个人都有自己的风格，这个风格可能在某些人身上特别外露，特别吸引人，而剩下的人不代表没有风格，而是需要下力气去认识和发现自己，找到这个东西，然后体现在自我介绍和书单、影单中，让老师感觉到你有做导演的基本素质，你应该会做那样的电影，写那样的剧本。这是除了练习基本功以外最重要的功课了。

最终你会发现艺考其实特别公平公正，完全都是你平时的态度、人品、性格和能力的体现。

最后，我只想说，祝有梦想的人都幸运。

刘雨亭
学校：中央戏剧学院
专业：电影电视系影视编导方向

雪地里的脚印
——2015，致我走过的艺考路

文/刘爽

夜深了，书桌旁边的钟表秒针滴滴答答地走过，一圈又一圈，仿佛时光隧道般载着思绪，伴着其他人或深或浅的鼾声，回到了那条属于我的艺考之路，那段寒冷与温暖并存的艰辛岁月。

已经许久没有动笔了，可能一些内心想法用文字难以表达出来。在普通文理考生看来，艺考是一条捷径，但我想说的是，只有真正经历过，才会懂得什么叫成长。这是一件听上去很美、走过来很苦的事，是人生如果缺失便不再完整的旅程，是千千万万名艺考生心灵深处最值得纪念和珍藏的财富。

高二那年的暑假，我选择了表演专业学习，说来挺纠结的，因为我总不知道自己到底适不适合：卖力演出的小品不尽如人意；夸张的口型复述的大段台词也显得机械；至于声乐和形体，也会因为紧张而错态百出。在一次周末训练结束后，我回到家向爸妈说明了这一情况。爸妈说不强求，如果想放弃就安心学文化课，不要后悔。可我考虑了几天还是觉得心有不甘，就重新回到了路上。

专业老师建议我学编导，带着犹豫与迟疑的态度，我开始了紧张的备考。每天晚上要面对大量的文艺常识、即兴评述、编讲故事和影评，真的有点不知所措。每当有畏难情绪时，我就告诫自己“一定要坚持下去，不要回头”“马上就会解决了”，这样积极的心理暗示也为后来的平稳心态打下了良好的基础。

去年的冬天格外寒冷，在各大网站搜集了艺术院校的资料信息之后，我便和父亲开始了分析考情的任务，这是一项浩大的工程。我们把考点进行了细致划分，对出行路线进行了系统的规划。经过精挑细选，共有8所高校列入了我们的范围：北电、北师、山师、湖师、天师、临沂大学、黄山学院、许昌学院。顶尖、中等和保底都分布其中，山师和天师还报了两个专业，根据自己的实力确保一定会拿到证，切忌好高骛远。

之后，我和父亲就拎着大包小包的行李踏上了漫长而又短暂的艺考之路。第一站是北京，本意是去做“炮灰”的，没想到还不错，能进复试，就已经很满足了。我记得2015年2月23日上午是北师的第一场考试，也是艺考的第一场。考题发到我手中时是缺页的，当时心里就有点慌，过了十几分钟监考老师才拿来了完整的试卷。答题时我的手都是颤抖的，还要瞅准每一道题的对应序号，奋笔疾书地写在答题纸上。在整个答题过程中，我都能听见自己的心跳声。那场笔试是紧贴着铃声响完刚好做完的，虽然题目都是日常积累的文艺常识，但总体感觉并不顺利。

两天之后，就发榜了，没想到竟然过了！甩掉了一半多的人呐！挺兴奋的，但也要克制，因为这仅仅是个开始。“不抱任何希望地去面对，到头来结果并不会太差，可能会出乎意料。”这是得知进入北电复试时总结的，这里的不抱希望是指不要抱着“我一定要考上，我必须成功”这样浮躁的心态去应考，毕竟竞争激烈，山外有山，拥有一颗平常心，自由发挥，笃定离场才是正确的选择。

最终北京的院校都没有拿到合格证，但却是难得的锻炼和磨砺。

令我印象最深刻的是山师的那场考试，几千多名学生排着长长的队伍呈方阵状陆续进场，我回头看了看站在马路对面的父亲，他微笑着向我点头。我感觉在这寒冷的冬季，当大雪冰封了世界时，父亲如同阳光为我照亮了前方的路，融化了坚冰，给了我自信的温暖。

山师的考试在动笔之前，我大体浏览了结尾的影评和故事，1200字，电影除了《唐山大地震》，其余都没看过。故事的题目是三个关键词“停车场”“小区”“保安”，要有矛盾冲突。于是我就开始回想影片的内容和以前看过的故事，凭着仅有的一些记忆在头脑中先组织好语言，这样写的时候就不会觉得生硬了。开考铃声一响，趁着记忆还停留在脑海中，我快速地把几个确定的选择题打上了对钩，遇到不会的或者似曾相识的题目先空过去，为影评和故事留下充足的时间。等到全部都做完了之后，我抬头看了一下表，还剩30分钟。之后再回头思考像“钱钟书的小说《围城》的主人公是？”这样记得不熟的题目。下午5点半结束了济南的行程，走出山师门口时，天色已经暗了下来，我和父亲必须要马上赶往天津，可在拥挤的人群中，我们怎么也打不到出租车，最终只好坐公交。抵达天津的宾馆时，已经是晚上10点多了。睡前我回头一想，还有一个知识点记不清了，便赶紧翻看，内容是《我是歌手》的栏目分析。庆幸的是，第二天的考题中竟然有这道题，一下子挽回了20分。所以说“机会是留给有准备的人的”，这是真理。

2015年3月12日，整个艺考就告一段落了。

在返程的路上，鞋子踩在雪地上发出咯吱咯吱的声响，每一步都感觉到踏实、温暖。因为我知道，这将是我人生中的一个重要的转折点，我学会了珍惜、珍重。

刘爽

学校：天津师范大学

专业：戏剧影视文学

专业成绩：戏剧影视文学第一名

艺术朝圣之路

——中国传媒大学戏剧影视导演（剪辑）专业艺考指南

文/孟璐

应试技巧篇

首先，你要敢于有梦。五月天的《咸鱼》里有那么一句歌词：“我没有任何天分，但我有梦的天真。”也就是说，并不是人人生下来就有神助，有天赋的人总是占少数。然而能喜欢它、走近它，尝试去了解它、把它作为自己的梦想，我认为也不失为是一种缘分。

说起我的导演梦，现在想起来还是觉得很奇妙。高一下学期，一次偶然的机会，我听见身旁有两个大妈在聊天，她们抱怨现在的电影实在没有什么好看的，已经很久没有看过一部电影了，而且很多年都没有再走进电影院了。听到她们这些抱怨，我瞬间萌生了拍一部老少皆宜、可看性强的电影的想法，继而就有了去做一位导演的小小心思。所以我觉得，能和这一瞬间的冲动偶遇，真的是一件很神奇的事。我希望年轻的你们也可以尽早和自己的梦想偶遇，然后再慢慢把它变为现实。

其次，把你的梦想告诉别人。在那次灵光一现之后，我真的非常虔诚地写下了“我从前没有什么梦想，但是现在不同了，我有了奋斗的目标，就是要做一位导演”，这样看上去傻乎乎的话，然后把这些文字发送给了我认识的几个老师。出乎意料的是，他们非常高兴，而且还送来了鼓励。现在回忆起来，我必须要感谢他们的信任，是他们肯定了我小小的但又近乎疯狂的梦想，让我有了继续走下去的勇气。在之后的日子里，我总是不遗余力地告诉身边人我的梦想，他们的鼓励和监督，也让我不敢放松对自己的要求。把你的梦想告诉别人，真的是很有用的方法，它可以激励你朝着心中的那个目标拼搏。

接着，提前做好准备。一旦你树立了自己的目标，就要抓紧时间着手准备了。在明确了导演这个方向之后，我就检索了很多内容，比如说可以报考的院校、这些院校的介绍、专业水平、考试时间、考试内容以及录取方式等等。备考分为两个阶段。第一阶段，我买来了一些备考书籍自学，还刷了一些必备的电影，具体可以搜索“豆瓣电影top250”。第二阶段，在高二升高三的暑假，通过专业学习，我收获了系统、专业的艺考知识。

最后，调整心态、做最后的冲刺。艺考一般都安排在高三的寒假，那是高中的最后一个假期，学校里很多同学都想借这个假期逆袭，或是百尺竿头更进一步。老师也反复强调，这个假期千万不要松懈，每天都要按计划做题、复习……然而，如果你选择了艺考，这个假期注定就要和文化课暂时告别一段时间了。我是在尝试了写几天作业之后，发现了作业根本不可能写完的“天大秘密”。从那以后，我干脆天天看书复习艺考。这个时候，只需要调整心态，多关注时下的热点，深入了解一两个导演、作家作品，就足够了。当然，根据考试内容，有针对性地做一些练习也是不错的选择。如果你自认为比较害羞，也推荐你多对着镜子、家长或者同学，反复练习自己的个人介绍和朗诵。

专业选择篇

我当时选择的是中国传媒大学的戏剧影视导演和戏剧影视导演（剪辑方向）两个专业，当然，导剪作为“豪华版导演”，是我更想去的专业。在艺考面试中，老师也会问你为什么要报考这个专业的问题，所以一方面为了加深对报考专业的了解，一方面也是为了应试，多去高校官网上搜索一下相关专业的内容是个不错的选择。

除此之外，还要关注一下录取方式。有些专业是高考成绩达到最低折算比值后按专业课排名，比如说戏导、导剪等；有的专业则是把高考成绩和专业考试成绩相加再排名，比如北师大的电影学；还有的是在专业成绩合格后，按高考成绩的折算比值排名，比如说文编。所以，根据自己的专业水平和文化课成绩。综合考虑，再作出决定。

当然，就业前景也应该在考虑范围内。不要因为这个专业听上去很诱人就盲目做出选择，最有代表性的就是表演和播音主持。

考试经历篇

当时我报考了五个专业，中传的戏导和导剪专业、北师大的电影学、北电的电影学以及院线经营管理，最后通过考试的只有中传的导剪，也恰好是最想去的那个专业，更没想到，最后正好就是被那个梦想中的专业录取。

一些考试记忆已经不深刻了，但是其中有那么几场考试，给我留下了很深的印象。

中传【导剪】面试

刚刚到候考区，作为志愿者的学姐们就在那里讨论那条“白金色”还是“蓝黑色”的裙子，她们讨论得不可开交，让我紧张的心情稍稍放松了些。终于叫到我时，坐在考场外的我心情几乎是崩溃的！这个时候，有几个学长在考场外和我们聊天，给我们鼓励，排解我们的紧张情绪。在这里，我非常感谢他们。当时就很想成为他们其中的一员，现在这个梦想终于实现了。

进了考场，最左边的男老师正襟危坐、皱着眉头看着我们，中间的女老师比较和蔼，偶尔问几个问题，最右边的男老师一直在问问题、和考生聊天。他们都很幽默，尊重学生，而且他们还会提出一些要求，比如“形容一下我们三个老师”“给我们三个老师编一段故事”“给这个照片起一个名字”之类的问题。在备考时，我着重准备的是让•雅克•阿诺的《情人》和诺兰的《八美图》，在考试之前，我还着重了解了什么是开放式的构图。说来也巧了，我喜欢什么，老师就跟我聊什么，最后抽到的作品分析的照片，竟然就是一个少见的开放式的构图！

在最后，那个最右边的男老师还半开玩笑地问我“你是平时就这么爱笑吗？”我想我笑得面瘫的形象，可能在他心里留下了比较深刻的印象吧！

这次经历告诉我，有储备是面试中最重要的。当然，面试也要注重技巧，谁也不喜欢死气沉沉的学生，所以，抬起头，勇敢一些，相信自己！

中传【导剪】静态图像拼贴+动态影像排序

这是一个比较新的考试项目，2015年是第一年实践。在备考时，我的专业老师给我们每个人一大本时尚杂志，接着给我们一个题目，让我们尝试从杂志中裁剪拼贴一些图片，去表现那个主题。这个考试方式很考验我们对美的理解，我对这个项目非常有好感。考试时，我们每个人手里有7张卡纸，每一张上面都有很多素材，考试的主题是“碰撞”，要求在两张背景板选择其一，其他的素材每张里必须用一个，可以用彩笔点缀，时间在一个半小时之内。

后来就是动态影像排序。备考时我们练习的都是10个片段以内的排序，在考试时，居然出现了20多个。一个很简单的空镜头、一个小动作，竟然也被剪碎了给我们看。当时看第一遍有些懵，等到第二遍的时候，才渐渐来了感觉，在纸上飞速写下每一个片段的内容。第三遍，就确认了自己的想法，做出了排序。

学习方法篇

看电影不求多，但求理解深入。观片量少不怕，每看完一部电影，都写一写影评或者抒发一下自己的感受，把一部电影看精。

抓住一个导演或者一个作者的作品去看。一般面试时不可能什么作品都说到，面试老师的问题也大多是“你最喜欢……”，然后顺着你的回答继续问下去。比如我就主要准备了让•雅克•阿诺，那么我既可以说他的《情人》，又可以谈谈当时的热点《狼图腾》，进而聊到他对种族碰撞的题材的青睐等等，文学作品也是一样。

时间安排篇

在自学的那两年，我都是在临睡的前一个小时读关于艺考的书籍。虽然每天的时间不长，但是积少成多，那些书足够翻上三遍。

多听听老师和学长学姐们的意见，他们都是过来人，比你更有经验。

像一些文艺常识类的零碎知识，不能图快，可以每天用小纸片记下几行，放在身上，有空就拿出来看两眼。

在休息时间或者等车、坐车的时候，可以读一读相关的杂志，了解一下热点问题。推荐的有《看电影》《环球银幕》《电影世界》《新周刊》等。

在艺考前，最好能抽出一天的时间去电影院看看时下最流行的电影，我们那场面试时老师就问了“你最近一次去电影院是哪天？看的什么？有什么感受？”这样的问题。

文化课篇

我是北京文史类考生，今年高考629分，高出一本线50分，折算比值是1.08。然而2015年导剪新改的政策是，在文化课达到最低折算比值后看专业排名，也就是说，我这个成绩并没有起到多大的用处。因为我的专业排名并不是很靠前，我不能完全肯定自己一定会被中传录取，所以在艺考完的最后半年里，一直在努力地复习高考。可以说，艺考并没有分散我太多的精力，回学校后没几天就恢复到了正常状态。

我也没有什么特别的方法，只是告诉自己，一切都还没有定论，在这之前，你必须给自己留一条后路，必须给自己多一种选择的余地。这种想法支撑着我走完了高三最痛最苦的半年，从来没有人把我当艺术生看，老师也还像往常一样，对我严格要求。

相信我，不是说放弃了文化课专心去学艺术，专业课就能学好，这两者之间真的没有必然的联系，在我看来，二者是完全可以兼得的。

当然，换句话说，如果你因为觉得自己成绩不够好才去选择学艺术，那我还是劝你放弃吧，这种行为只是在亵渎艺术罢了。我希望每一个学习艺术类的你们，都是全心全意为了心中的理想而学的，而不是给自己找出路而学的。毕竟，艺术是神圣的，我们都沐浴在她圣洁的光辉下，虔诚地如圣徒般渴望着她的滋养。

史铁生曾说过，皈依不在天堂，皈依就在路上。希望你们也能向艺术朝圣，早日实现心中的梦想。我在中传，等着你们！

孟璐

学校：中国传媒大学戏剧影视导演（剪辑）

专业：戏剧影视导演（剪辑）

专业成绩：33名

文化课成绩：629分

艺考启示录

文/张界东

刚上高中的时候我对艺考并不是很了解，直到高二下半学期，随着知识量的增加、眼界的拓宽，对艺考产生了很大的兴趣，所以我选择了艺考。在我看来，学习艺术不仅仅是高考的另一条出路，俗话说，艺多不压身，多学一门特长，对自己来说未尝不是一件好事。很多同学选择绘画、服表、空乘等专业，而我因为喜欢拍照，所以果断选择了摄影专业。

山东工艺美术学院是山东省内唯一的一所工艺美术学院，想踏入山工艺的大门扎实的专业能力是不可缺少的。

我对摄影有着纯粹的热爱，而不是为了应付艺考。这样一来专业课的学习不再枯燥，每一节课都是在填补我对知识的渴望。所以建议大家在选择专业之前，一定要先对自己有个定位：第一，自己喜欢什么专业；第二，自己擅长什么专业。找一件自己真心喜欢的事情去做，相信大家就会明白事半功倍的快感。

接下来我们聊一聊我选择的摄影专业，希望对想走摄影道路的同学们能有一点帮助。摄影是光与影的完美契合，摄影是一门优雅的艺术，要想学好摄影，首先要了解摄影，包括理论知识、相机的使用、后期的处理等等。在艺考中摄影专业主要考查学生以下三个方面：

第一，面试。面试是考查一个人综合素质的最佳手段。与考官面对面交流，同时也是你施展才能与特长的好机会，既要让考官了解你，还要让他们相信你就是他的理想人选。与此同时，这也是你认识考官的机会，因为他很有可能就是你未来的专业老师。面试时需要做自我介绍，这个时候你要变被动为主动，让考官了解你，试着告诉他，你与其他考生不同。其次是知识问答，这真是我的软肋。曾经四川传媒学院的考官问过我几个很“刁钻”的问题，比如“你知道李德伦是谁吗？”“来！你给我讲讲哥特式建筑是什么。”因为是自由问答，所以考官的问题涉及的面很广，这就需要同学们从平时的点滴积累自己的知识储备，做到有问必答，只有这样才能在考官的“刁钻”面前游刃有余。

第二，理论知识。理论是实践的高度浓缩，是很多问题的共同解法，扎实的理论知识是拿起相机实践的前提。备考时要按照艺考大纲，将知识分类，逐一记忆，反复记忆，并将理论与实践相结合。理论知识在艺考中占据了相当大的比例，将书本上的理论知识巩固夯实，是成功艺考路上重要的一步。

第三，实拍。实拍相对没有那么重要，因为实拍所占的分数较少，我相信只要理论知识学习到位，实拍一定没有问题。按下快门的一瞬间要用脑子理解书本知识，而不是生搬硬套，更重要的是平日点滴练习积累的经验。

分享一下备考小技巧。去考试千万不要带过于广角的镜头，因为那样会不知不觉将许多无用的事物带进镜头从而影响主体。对于基础理论知识，我是这样准备的：将书里的所有内容分类，拿一张4k纸开始列提纲，将代表人物、相机的发展进程，操作规范一一分类，复习的时候需要找什么知识点可以迅速找到，不但简单明了而且方便记忆。

面试技巧是很关键的，首先要自信，扎实的基础知识是必不可缺的，一问三不知肯定不能得到主考老师的青睐。说到自信，大家可能觉得很容易，但是一个眼神、表情、手上的小动作都会将你的心理活动暴露给“身经百战”的考官。面对考官，双腿并拢，面带微笑地注视他们，注意身体不要左右摆动，手紧贴裤缝。

回忆当时的艺考经历，让我印象最深的是山东师范大学那一场。山东师范大学考试分为笔试和实拍，走进考场我还是自信满满的，可是拿到试卷的那一刻我真的慌神了，有很多开放性的问题，远远超出了摄影的范畴。遇到这种情况，不要慌，稳住神，告诉自己我是最棒的。

到了下午实拍，先是排队检查相机，清空内存卡，随后大家排队进考场。每人一个景物，我的是喷了水珠的水果，当时心里暗自窃喜，因为我带了微距镜头，拍出的效果给考官眼前一亮的视觉享受。就这样，山师考试完美收关，在不安与揣测中我收到了艺考合格证。

优秀的专业成绩只是你艺考道路的敲门砖，想进入理想的学校，还需要在报考上下些功夫。首先要对自己有一个准确的定位，是一定要考北电、中传这类顶尖大学，还是任何一个一本大学都可以，或者说二本保底冲击一本。明确自己的定位后，根据自身的实力，报两三所符合自身水平的大学，再选一两个自己非常向往而在自身实力之上的大学，拼一拼，说不定幸运女神就眷顾努力的你了呢。我觉得报七八个学校是比较合适的，时间上一般不会有冲突，自身精力也充沛，成绩一般也比一场赶一场要好得多，精益求精，宁缺毋滥。

以上就是我的摄影艺术考试的一点小小心得，希望对正在准备艺考的你能有一点帮助。

张界东

就读院校：山东工艺美院

专业：影视艺术设计

文化课成绩：432

专业课成绩：校27名

“千字文”教你编讲故事

文/王家豪

编讲故事分为两部分：一是编，二是讲。

根据招生简章，编讲故事的考试方法大致如下：在规定的时间内，老师提供开放性题目（如阳光明媚的下午），或者随机提供几个词语（如毛驴、玉米、飞机），考生据此编讲2分钟左右的故事。也有学校考查命题演讲，大同小异。所以编讲故事的难点在于准备时间短以至于故事编得不完整、不精彩，考生紧张讲不清，老师不感兴趣等等。下面为大家介绍我的经验和方法。

先说编的部分。几乎没有学校会为学生提供充分的准备时间，所以如果你不是天才，那么一定不要在考场讲临时编的故事。做好编讲故事的第一步，就是积累故事。可以去网上找一些短篇故事，或者《故事会》最后几页的小故事，找一个本子，抄下来。因为候考紧张的时候大脑一片空白，你可以拿出来看一看。我当年抄了10个不同种类的小故事，并给它们写上了标签，标签这样写：根据故事的内容总结出至少三个关键词，比如“小明上学路上捡了100块钱。”可以提炼出三个关键词：人、路上、惊喜。如果你认真做了积累，那么你至少拥有了10个精品故事和30个关键词。无论考试的时候抽到什么题目，都不会超出你准备的范围。在自己准备好的故事里快速划定一个范围，快速找一个接近的故事进行改编（或者把两个接近的故事进行改编），2多分钟的时间足够了。

再说讲的部分。要想取得好的效果，自己的讲是关键，老师的听也很关键。

先说讲。我强烈建议学编导的同学也去学播音，重点学习发声和仪态。一个洪亮、清晰、中气十足的声音可以让你在万千编导考生里脱颖而出，引起老师的特别关注。标准的站姿和气质也会为你提分不少。所以这部分大家要向播音老师虚心请教。

讲故事的时候，语速要慢。因为人在紧张的时候语速会变快，你要时刻提醒自己放慢语速。如果讲到一半实在讲不下去了，给女同学支个招，你可以莞尔一笑，从容地说：“老师，我的故事讲完了，有点紧张希望您能理解。”这绝对会挽回一部分分数。

在讲故事的时候，可以配合动作，也就是向老师表演这个故事。但一般很难将动作与内容配合好，所以如果没有把握的话最好不要尝试。但你可以加入一些小技巧，比如你的故事里有两个人物的对话，你可以用不同的音色去表现他们。

再说听。有时候，你讲了一个非常棒的故事，但是老师没有认真听，很可能随意地给你打一个分数。所以你要做的，就是吸引老师的注意力。在讲故事之前，如果老师的状态不是很好，你一定要大声地讲话：“各位老师大家好，我是XXX号考生XXX，我抽到的题目是XXX，下面请听我的故事……”这个方法我用过很多次，虽然看起来傻，但是特别管用，会让老师们一下子将目光放到我身上。

在讲故事的时候不能一个人闷讲，要和老师互动。如果老师看你，你要和老师有眼神上的交流。眼神千万不能躲闪，要回应老师，展现你的自信和从容。

最后说几点注意事项。

如果没有特殊要求，尽量把故事讲成一个精彩的“大笑话”。什么是“大笑话”？同样一个笑话，你讲出来就是笑话，郭德纲讲出来就是“大笑话”，自己去感悟吧。

尽量不要讲悲剧、正剧，要讲喜剧。能把老师逗乐是最高境界，但千万不要用那些低级趣味去故意引老师笑！故事只有一个笑点就行，放在最后效果最好，最好就是最后一句。可以多听些名家相声，自己慢慢感悟什么是真正的幽默。

如果讲完之后效果很好，老师突然问你这个故事是不是之前背的，要镇定地告诉老师：故事里有一些素材是之前积累的，但这个故事是我刚才想出来的。

最后，如果你编讲故事实在差劲，千万别放弃！还有最后一招帮你，带自己的作品进考场（可以是影评、散文、美术、摄影等），请老师看这些作品，然后在他注意力不集中的情况下完成编讲故事，这样你也能拿一个平均分。

最后一句，讲好一个故事比讲一个好故事更出彩！

祝同学们成功！

王家豪

2012年分别获得中国传媒大学、北京电影学院、北京师范大学编导类合格证。

父亲的草原母亲的河

席慕蓉

父亲曾经形容草原的清香，
让他在天涯海角也从不能相忘；
母亲总爱描绘那大河浩荡，
奔流在蒙古高原我遥远的家乡。
如今，终于见到这辽阔大地，
站在芬芳的草原上我泪落如雨。
河水在传唱着祖先的祝福，
保佑漂泊的孩子，
找到回家的路。
啊！父亲的草原，母亲的河，
虽然已经不能用不能用母语来诉说。
请接纳我的悲伤、我的欢乐。
我也是草原的孩子啊！
心里有一首歌，
歌中有我父亲的草原、母亲的河。
虽然已经不能用不能用母语来诉说。
请接纳我的悲伤、我的欢乐。
我也是草原的孩子啊！
心里有一首歌，
歌中有我父亲的草原、母亲的河。

朗诵提示|吕铭

一、文本分析

席慕蓉，原籍内蒙古察哈尔盟明安旗。蒙古名字全称穆伦席连勃，意为浩荡大江河。席慕蓉是蒙古族王族之后，她的外婆是王族公主。在其父亲的军旅生活中，席慕蓉出生于重庆。14岁时进入台北师范艺术科，后又进入台湾师范大学艺术系。1964年入比利时布鲁塞尔皇家艺术学院，专攻油画。1989年两岸解禁后，46岁的席慕蓉才得以第一次访问内蒙古，“河水在传唱着祖先的祝福，保佑漂泊的孩子，找到回家的路”。提起蒙古，人们总会联想到几百年前大元帝国和成吉思汗的驰骋跋扈。而在历史的进程中，王朝不久便分离崩析，帝国的子民们也四散到天南地北。所以在此席慕蓉并没有缅怀祖先们的丰功伟业，只是感激祖先的神灵保佑她找到了自己的根。这是一种诚挚的民族情怀、一种超脱狭隘的情怀，是一个不惑之年的女人的游子之心。

“虽然已经不能用不能用母语来诉说。请接纳我的悲伤、我的欢乐。我也是草原的孩子啊!心里有一首歌，歌中有我父亲的草原、母亲的河。”这是词中很触动人心的一句。席慕蓉5岁以前能说流利的蒙语。可后来由于生活在南方，后来又到台湾，母语已经忘得干干净净了。从前，外婆经常对她讲，土生土长的蒙古族孩子生来骑得好马、唱得好歌、讲得流利的蒙语，席慕蓉隐约感觉到外婆语气里的惋惜。1989年初次来到故乡内蒙古，当举杯面对家乡亲人的祝福时，当倾听原声的蒙古长调时，不会讲蒙语的她需要借助朋友的翻译才得以沟通，无论如何，也只能表达出七八分的情感，不能代表她心中渴望发出的心声。她说：“那个时候，我才感觉到一种强烈的疼痛与欠缺，好像在心底深处纠缠着、撕扯着的东西都浮现出来，我感到空虚而又无奈。”不能流利地运用自己的母语表达，这是深藏在诗人心底的一个不解的情结。

二、语言塑造

1.停连分析

父亲//曾经形容//草原的清香，让他在天涯海角//也从不能相忘；

母亲//总爱描绘那大河浩荡，奔流在蒙古高原//我遥远的家乡。

如今，终于见到这辽阔大地，站在芬芳的草原上//我泪落如雨。

河水//在传唱着祖先的祝福，保佑漂泊的孩子，找到回家的路。

啊！父亲的草原，母亲的河，

虽然已经不能用不能用母语//来诉说。请接纳我的悲伤、我的欢乐。

我也是草原的孩子啊！心里有一首歌，歌中有我父亲的草原、//母亲的河。

虽然//已经不能用//不能用母语来诉说。请接纳我的悲伤、//我的欢乐。

我也是草原的孩子啊!心里有一首歌，歌中有我父亲的草原、//母亲的河。

只要不违背语法规范这个原则，在具体的朗诵中，停连可以有一些合理的变化。

2.重音分析

“草原”“天涯海角”“从不能”“大河浩荡”“辽阔大地”“泪落如雨”“漂泊”“母语”“父亲的草原”“母亲的河”，请注意以上词语重音的表达方式。

3.情、声、气结合

饱满的情绪、鲜明的态度、具体的画面感受，是朗诵成功的基本条件。

平凡的魅力

汪国真

我不会蔑视平凡，因为我是平凡中的一员。我的心上印着普通人的愿望，眼睛里印着普通人的悲欢，我所探求的也是人们都在探求着的答案。

是的，我平凡，但却无须以你的深沉俯视我，即便我仰视什么，要看的也不是你尊贵的容颜，而是山的雄奇天的高远；是的，我平凡，但却无须以你的深刻轻视我，即便我聆听什么，要听的也不是你空洞的大话,而是林涛的喧响海洋的呼喊；是的，我平凡，但却无须以你的崇高揶揄我，即便我向往什么，也永不会是你的空中楼阁，而是泥土的芬芳、晨曦的灿烂。

当然，当那些真挚的熟悉的或陌生的朋友提醒或勉励我，不论说对了说错了我都会感到温暖。孤芳自赏并不能代表美丽也不能说明绚烂，自以为不凡更不能象征英雄气概立地顶天。

我承认，我的确很平凡。平凡得像风像水像雪……然而平凡并非没有自豪的理由，并非没有魅力可言。风很平凡，如果吹在夏天；水很平凡，如果是沙漠中的一泓清泉；雪很平凡，如果飘落在冬日与春日之间……我欣赏这样的平凡，我喜欢这样的平凡，我也想努力成为这样的平凡。

朗诵提示|吕铭

一、文本分析

平凡，放在特定的环境中便是不平凡。

宠辱不惊，闲看庭前花开花落，去留无意，漫随天外云卷云舒。平凡心，其实就是一颗平常心。在特定的环境之中，保持一颗平常心，就是一件不平凡的事情。

得意的时候，心态平和；失意的时候，不气馁悲观。不向权贵低眉折腰，也不向所谓的哲人俯首侧耳，而是与明月为友，和清风相伴，和整个世界交融为一体。这种心态其实就是一种不平凡。

二、语言塑造

1.停连分析

我不会蔑视平凡，因为//我是平凡中的一员。我的心上印着普通人的愿望，眼睛里//印着普通人的悲欢，我所探求的//也是人们都在探求着的答案。

是的，我平凡，但却无须以你的深沉俯视我，即便我仰视什么，要看的//也不是你尊贵的容颜，而是山的雄奇//天的高远；是的，我平凡，但却无须以你的深刻//轻视我，即便我聆听什么，要听的也不是你空洞的大话,而是林涛的喧响//海洋的呼喊；是的，我平凡，但却无须以你的崇高揶揄我，即便我向往什么，也永不会是你的空中楼阁，而是泥土的芬芳、晨曦的//灿烂。

当然，当那些真挚的熟悉的或陌生的朋友提醒//或勉励我，不论说对了说错了//我都会感到温暖。孤芳自赏//并不能代表美丽//也不能说明绚烂，自以为不凡//更不能象征英雄气概//立地//顶天。

我承认，我的确很平凡。平凡得像风//像水//像雪……然而平凡并非没有自豪的理由，并非没有魅力可言。风很平凡，如果吹在夏天；水很平凡，如果是沙漠中的一泓清泉；雪很平凡，如果飘落在冬日与春日之间……我欣赏这样的平凡，我喜欢这样的平凡，我也想//努力成为这样的//平凡。

2.重音分析

"蔑视""平凡""普通人""都在""不是""林涛的喧响""泥土的芬芳""晨曦的灿烂""温暖""立地顶天"等词汇要重点关注。

3.情、声、气结合

在具体语句中，要注意对比性语句的感受和表达，比如"要看的也不是你尊贵的容颜，而是山的雄奇天的高远"。重点表现出我们不在乎你尊贵的外在，而是具有强大空间感和视觉冲击力的"天的高远""山的雄奇"，在用气和用声上要注意气息的自然平稳和虚声与实声的结合。

在最后一段排比句的处理中，要把握好坚定、自信的语气和情绪。

我们都是小小星辰

郭敬明

我们活在浩瀚的宇宙里，
漫天飘洒的宇宙尘埃和星河光芒，
我们是比这些还要渺小的存在。
你并不知道生活在什么时候就突然改变方向，
陷入墨水一般浓稠的黑暗里去。
你被失望拖进深渊，你被疾病拉进坟墓，
你被挫折践踏得体无完肤，
你被嘲笑、被讽刺、被讨厌、被怨恨、被放弃。
但是我们却总是在内心里保留着希望，
保留着不甘心放弃的跳动的心。
我们依然在大大的绝望里小小地努力着。
这种不想放弃的心情，
它们变成无边黑暗里的小小星辰。
我们都是小小的星辰。

朗诵提示|吕铭

一、文本分析

看到这一段文字，我的眼前朦胧地划过一道星辰，就像流星，那一刻我看见了青春的短暂，看见了命运的渺小，也看见了那些在浩瀚的生活里为了梦想而坚持的女孩和男孩，看见了他们的悲喜，看见了他们的真挚，看见了青春最纯粹的珍贵。不想放弃的心情，是郭敬明笔下的希望，是青春最真挚的坚持。

二、语言塑造

1.停连分析

“我们活在//浩瀚的宇宙里，”“我们”后面也可以稍停，在“活在”后面停是为了体现宇宙之“浩瀚”。

“漫天飘洒的宇宙尘埃//和星河光芒，”在“尘埃”后面停，一方面是为了展现宇宙空间感，另一方面是要突出“星河光芒”与“宇宙尘埃”的对比性。

“我们是比这些还要渺小的存在。你并不知道生活在什么时候就突然改变方向，”这两句无需停顿。

“陷入//墨水一般//浓稠的黑暗里去。”

“你被失望拖进深渊，你被疾病拉进坟墓，你被挫折践踏得体无完肤，你被嘲笑、被讽刺、被讨厌、被怨恨、被放弃。”这几句要连，体现层层递进的状态。

“但是//我们却总是在内心里//保留着希望，保留着//不甘心放弃的跳动的心。”

“我们依然在大大的绝望里//小小地努力着。”

“这种不想放弃的心情，它们变成无边黑暗里的小小星辰。”

“我们都是//小小的//星辰。”

2.重音分析

要注意：“浩瀚”“星河”“突然”这三个关键词的表达，要体现词的情感张力，要注意：“嘲笑”“讽刺”“讨厌”“怨恨”“放弃”的对比和递进。“小小”这两个字，是重音的轻读，要注意把握。

3.情、声、气结合

“我们活在浩瀚的宇宙里，漫天飘洒的宇宙尘埃和星河光芒，我们是比这些还要渺小的存在。”这一段是真诚的铺垫，交代现实，用平缓的语气和情绪来表现。

“你并不知道生活在什么时候就突然改变方向，陷入墨水一般浓稠的黑暗里去。”这一段有转折，后面情绪转为黯淡、遗憾。

“你被失望拖进深渊，你被疾病拉进坟墓，你被挫折践踏得体无完肤，你被嘲笑、被讽刺、被讨厌、被怨恨、被放弃。”这一段感情继续推进，悲观的情绪更浓、更入心。

“但是我们却总是在内心里保留着希望，保留着不甘心放弃的跳动的心。我们依然在大大的绝望里小小地努力着。”这一段又是转折回来，显示出在这种悲观、失望的现实面前，我们努力去改变、去争取、去努力的强大的内心力量。

“这种不想放弃的心情，它们变成无边黑暗里的小小星辰。我们都是小小的星辰。”最后一段，语气坚定，情绪饱满，把这种不放弃努力、不改初心的愿望坚定地表达出来。

青春中国

欧震

用茫茫的夜色做墨
用疮痍的土地做纸
在鸦片战争的硝烟过后
是谁 写下的两个字——中国
让人读得昏暗 读得疲惫
更让人读得心痛 读得悲愤

那一天，无数的青年
走上了街头
面对淋漓的鲜血
面对惨淡的人生
他们的呐喊如同一阵阵惊雷
激荡着这昏睡的土地
他们就像一束束火焰
在曲折的道路中蔓延
盛开成五月绚丽的花朵

此后，他们加入到共产党人的行列中
他们义无反顾地选择了
用铁锤砸碎黑暗
用镰刀收割光明
他们走过漫道　他们越过雄关
他们驰骋疆场　他们英勇杀敌
他们要以枪杆做笔
写下一个崭新的中国
他们要以热血为色
描绘一个青春的中国
是的，岁月悠悠、人生漫漫
那是一首激情澎湃的诗篇
那是一片开满鲜花的风景
那是一曲气势磅礴的交响
那是一座壮志凌云的丰碑

今天，一个大写的中国
让人读得光明、读得酣畅
今天，一个腾飞的中国
更让人读得生动、读得自豪
这就是在世界的东方喷薄而出的
希望的中国
这就是在中国共产党领导下的
辉煌的中国
这就是我们的
青春中国！

朗诵提示|王沛寒

这是一首鼓舞人心、积极向上的诗歌，音色饱满结实的男生和女生都可以选择。诗歌最忌讳喊口号式的单一表达。本篇诗歌的情绪呈递进式发展，开始有对于现状的迷茫，但是远方光明的指引，让热血青年找到了拼搏的信念和方向。这是一种对于国家真挚的爱，也是一种主人翁意识的体现。强烈的自豪感对于文章的表达有很大帮助。

无语的紫丁香

紫麦

又见玉兰染白了枝头
又见迎春跳进了眼眸
轻柔的微风卷起了秀发
柳枝忍不住也甩起了绿绸
早春的玉兰收缩了细胞
迎春的恰恰跳起了舞蹈
摇摆的柳枝扭动着细腰
丁香花笑着挣脱了襁褓

紫丁香花开了
满庭都弥漫着馨香
我看她努力地绽放
听她撕裂时的声响
看见了她我才知道
这芳香分明是微笑的歌唱

如果花瓣里的香是笑
这孤独的花朵就是吹响的笙箫
如果五瓣的丁香是紫色幸福的爱情
那默默的绽开就是白色寂寞的守望

优雅的紫素洁的白
一样的妩媚一样的盛装

我喜欢紫色的清逸
喜欢紫丁香裸露的花语
听她说颜色的意义
看她雍容高贵自由地释放

不爱花的人消失了
爱花的我醒来了
他头也不回地走了
我热情相拥地来了

愿她,孤芳那处永不凋零
愿她,再舞华美的生命霓裳

朗诵提示|王沛寒

这是一篇适合女生朗读的小美文，寄情于花，情感具体有依据。这种文章是高中生比较容易理解的。 第一段先描写其他的花，当主人公紫丁香出现的时候，可做适当停顿，起到凸显的作用。开始的部分要注意交流感。结尾部分情感舒展，逐层递进，结尾的停顿，要读出回味之感。

礼物

文/李媛媛

那段时光已经尘封许久了，昔日的天真幼稚总是在而今的回忆里一再地刺痛我的自尊。有时我都会质疑自己是不是真的有过那样的一段过去。但当我回头，窗台上那个辗转多年的八音盒却在不停地提醒我，他如此真实地存在过。

现在回想起来，脑海中第一个浮现的词就是胖，他前前后后改过许多名字，但都没有绰号“二胖子”深入人心。过分的胖使得他无论是冬天还是夏天身上都是热乎乎的，不停地出汗，印象中他的脸总是油腻腻的，又白又鼓，像屁股一样——让人望而生厌。

这家伙是我的初中同学。他也算是校内名人了，不为别的，就是从初一开始就在学年吊车尾的事。而且他也“争气”，成绩十分稳定，每次都牢牢控制住那最后的位置，而且几乎都和倒数第二差个几十分。其实他不算笨，但就是无心向学。肥胖的身体和糟糕的成绩让他受到同学们的排挤，每个人都嘲笑他，轻视他，他是没有尊严的人。可是他的性格又是那样的“皮”，跟滚刀肉一样，你越讨厌我，我越纠缠你。他没什么朋友，但性格绝对不孤僻，特别喜欢和别人侃大山。我和他关系还不错的原因是我们的父母是大学同学，两家一直有所来往，否则我估计自己也会像其他人一样，躲得远远的。

我们的老师经常会动不动就把我找到办公室去，对我说：“听说你们两家走得很近，请你今天晚上去他家一趟，让他家长来学校一趟。”或者是“把他的成绩单交给他的父母，请他们签字。”于是在一个又一个晚上，我重复着做一件事：吃完饭就屁颠屁颠地跑去敲他家的门，他见到我就像现在的我见到专业老师一样，紧张又强作镇定，眼神却出卖了他，看他窘迫的样子，用最贴切的形容词描绘我当时的心情就是——幸灾乐祸。

我能清晰地记起他受到母亲的责骂时候的场景：嘴唇不停地发抖，一副委屈得无话可说的样子，眼泪在眼眶里打转好像马上就要流下来。他的额头不停地出汗，偶尔还会流下来。昏黄的台灯下总可以照见他油腻的脸。他总是有搪塞他母亲的理由，总是可以为自己学习上的懒惰抵赖。他的母亲在愤怒地责骂他之后，总是会对我说：“焕焕，你要多帮助他，你们是同学又是朋友，你一定要多帮帮他啊！”我很谦虚地答应了，心中却是骄傲的。即使是在我吃着他母亲给我的冰激凌的时候，还是在心里念叨：谁是他朋友了。

成长伴随着青涩。孩子们在朦胧、神秘的感情里总是不知所措的。学校每天都会流传谁喜欢谁，谁给谁写了情书，谁送谁回家了之类的新闻。大家百无聊赖却都乐此不疲地窃窃私语。我也有了自己心仪的女孩——迪迪，而且我确信这个女生也是愿意的，渐渐的大家似乎都默认了这个事实。有一天，好友突然跑来告诉我：“你知道吗，二胖子最近总说你坏话。”我奇怪，但也不以为然：“不可能，就凭他能说出什么来，可能是被我告状告急了吧。”

可是他的行为越来越奇怪，在很多时候很多场合总在一旁絮絮叨叨含沙射影，让人听了浑身不舒服。迪迪为我织了一块很漂亮的十字绣，请他帮着交给我。可是他竟然故作痴呆地交给了我的母亲，并且添油加醋地说了什么“暗恋”“追求”之类的话。结果第二天母亲就把十字绣送到了学校，女孩被班主任严厉地批评了，独自哭了许久。

为了挽回和那个女生的关系，我用积攒了很长时间的钱买了一个小巧的八音盒，想在她生日的时候送给她做生日礼物，并且附带了一封极尽肉麻，在我看来却很有派的情书。可就在我信心百倍地等待着女孩子的回音的时候，那个漂亮的八音盒却出现在了班主任的桌子上，而我一起送去的情书，却被二胖子像语文课文一样在早自习上当场朗诵了出来，让我和那个女生丢尽了颜面。那个时候学校防早恋甚于防民之口，这次老师终于为我们调换了角色，要他去我家告状。我在他的眼睛里看到了自己曾经有过的神采，他的幸灾乐祸是毫不掩饰的，就连鼻子也情不自禁地发出“哼”的一声。可想而知那个晚上成了我的噩梦，在他火上浇油的反映情况下，我又多挨了几巴掌。而他，二胖子，从头到尾看着我被打也不舍得离去，充当了一个非常专业的目击者，第二天将我的所有反应绘声绘色地讲给班级同学听。他看了两个小时，始终耿耿于怀的是没见到我掉眼泪，直到我怨恨并且凶狠的目光转向他的时候，他才得胜似的心满意足地回家了。

没过几天的下午，他声音极大又故意装出窃窃私语的样子，对周围同学神秘兮兮地说：“你们知道迪迪和我是什么关系吗？”见大家都迷惑不解，他骄傲地说：“迪迪是我媳妇！要不她能把那小子送她的东西交给我吗？”此时我正好从操场回来，碰巧听见了这话，长久以来的压抑、忍耐在这一刻爆发了，我冲上去一把扯住他的领子，恨不得把全世界的脏话一次浇到他的脸上：“你这个混蛋，臭不要脸的王八蛋，你他妈以为自己是谁？你不过就是一头猪！”然后就是狠狠的一拳。别看他块头大，还

是没什么悬念地从本来就站得不牢的桌子上栽了下来，我从他的脸上读到了恐惧，他一定没想到平日里很温良的我竟然有那么大力气。没过多长时间，恐惧被委屈替代了，他哭了出来。我冷冷地看着他，一点怜悯也没有，觉得他还真是没出息，长得膀大腰圆却一点用都没有，真让人看不起。

那已经是初三下半学期的事了，没过多久，我就上高中了，我们不在同一个高中念书，很少看见他。联系慢慢地减少，直到没有。他就这样从我生命中消失了。

以后的成长是带着伤痛的，像瘊子一样生在肉里，没有办法拔掉，只能让它继续生长，有时想起，我会暗自揣度他对我到底是什么样的态度，他到底是怎么看我这个人的，我猜测他现在过得好不好，有没有像我经常想起他一样想起我，这一切都无从得知。

又过了一阵，听说他退学了，他父亲送他去农校念大学。我们再见的时候我已经是高三，他是大三的学生了。听说进了大学，一个人就会马上成长，他瘦了，高了，其实他原本就很高，就是被肥胖压抑得显现不出来。他说他干过一些可有可无的工作，会经常想起以前的人和事，当然也会经常想起我，因为我算那时他唯一熟识的朋友了。我们说笑一般地谈论着以前我以为不可调和的矛盾，我无法想象我们年幼时的想法。我一直以为他是愚蠢、无知、难以理解的，也以为自己是聪明、成熟、善解人意的。可是现在我在学业和生活上不被认可，受到挫折的时候，我忽然觉得，我们之间没有什么不同。我曾经问他，你当初怎么想的，跟滚刀肉似的？他大笑，不作回答。

我一直忽略了他的母亲，那个平日里优雅干练的女经理在面对自己不争气的儿子的时候，是那么忧伤、愤怒、脆弱。为什么直到现在我高考失败以后，才能体会她那恨铁不成钢的心情？为什么直到多年以后我受到捉弄时，才能体会到他那时受排挤的压抑、委屈、痛苦？儿时的遗憾，不是看动画片的心愿在严父的目光中破灭，不是青涩的约会在暴雨的夜晚里落空，而是因为在不经意间伤害了别人、忽略了别人、轻视了别人。我以前不懂，但现在懂了。这大概就是二胖子在我生命中短暂出现并且留给我的、最珍贵的赠礼。

生活还在继续，他和我就像两条铁轨，虽然一直没有什么交集，却也从未停止互相遥望前行。他还是一如既往地习惯于和我闹，占我便宜，就在昨天，在看到了我发牢骚把自己的QQ个性签名改成了“老舍先生，您是我亲爹！”之后这家伙马上就把自己的改成了“我的名字叫老舍。”让人哭笑不得。感谢二胖子，虽然他是一头猪，直到现在我都骂他是一头猪。但是有他在身边的那段日子的的确确是我一生中最快乐的时光之一。然而现在它们已经和那个八音盒一样，落得满是灰尘，被我遗忘许久了。

山河如昨 故人已故

——评《山河故人》的精神实质

文/刘惠婷

“我们都是时光的浪子”，贾樟柯如是说。

他是时光的浪子，阔别多年，如今携着他的山河与悠长的回忆回归。用光影讲述一个沉淀多年的故事，讲述一代人的情感沉浮、一段时光旅程、一场爱的修行。情感与时间通过光影在时光中相遇，迸发出炽热的光和热，告诉观众故乡才是终其一生去寻找却难以割舍的归依。贾樟柯用电影表达了他的浪子之心，却留给观众满心的唏嘘和感喟。岁月如神偷，改变了人情世故，盗走了山川旧梦，只留下支离破碎的情感依旧。这是贾樟柯式的哀愁，它直抵心底，带给观众强大的情感共鸣。

通过影片，观众不难从客观角度纵观时代的变迁。本片通过三段式的叙述，从过去、现在、未来三个层面铺开来，展示出跟随时代人心的浮动与变化。20世纪90年代，飞速发展的中国像一台巨大的离心机，将人们甩向了不同的时空。那时正值改革开放，财富尤其珍贵，涛放弃了与梁子的安稳生活而选择了有前景的张晋生。而物欲膨胀、野心渐大的张晋生一心寻求“自由”，向往广阔的天地一展身手，不愿在这如囚笼一样的小镇平淡度日。到2014年，银幕上的涛已经孤身一人，她束缚不了张晋生欲飞的翅膀。那时的中国已然强盛，时代没有辜负一心飞翔的人，张晋生生意渐大，情感另寻寄托。2025年，生意已经不需要操心，张晋生坐拥财产无数却心中空空。时代的快速变迁带来的是欲望的膨胀、心灵的虚无。过去人们通过音乐舞蹈传递感情，如今科技发展，人们依赖电子产品传递感情，时代的变迁带给了这个世界什么。从小镇到澳大利亚，从历史到未来，中国人走出了旧中国，在时代的变迁中失去了多少又得到了多少。在物质丰盛的欢喜下，在各种欲望的堆积下，人情在世上苟延残喘，难以保全。影片通过三段不同的影像风格、不同的镜头语言、不同的叙述风格引发观众感悟历史、珍惜当下、反思未来。

贾樟柯说：“我十分迫切地拍一个情感故事，它体现不同于网络时代的实体情感与传统情谊。”诚然，他做到了。跟随时代人的情感变迁也是本片的一大主题。过去人们沟通感情直接、单纯。就像生活一样，柴米油盐，并不奢侈却是生活的真味。影片通过高饱和的色调，刻画出人们生活的繁荣、精神的富足。白日的焰火、迪厅狂热的舞蹈，人们爱得浓烈，爱得肆无忌惮。影片通过声音的嘈杂，体现当时蓬勃向上的人们对生活的激情。Dollar出生，张晋生与涛离婚。七年后，涛父去世，Dollar回到涛身边。电影通过饺子、钥匙等线索，传递传统的关爱。涛与Dollar坐在父亲去世时的椅子上等情节，体现了难以割舍的亲情血脉。Dollar长大后，他的失根命运因为父亲而注定，可他长大后学会反抗。他渴望缺失的母爱，正因如此，他与和他命运相仿，有着同样中国血脉却年龄相差甚远的Mia相恋。他们的爱情是对相同文化根源的依恋，是对缺失情感的相互慰藉，是迷途中渴望归群的马，是漂泊的野子对襁褓的挂念。时代中，人们的生活欲望无止境地扩大，而根却只可扎在一处。人心变得浮躁不安，于家乡渴望自由，于他乡怀念过往，永远在希求，永远在遗忘。影片通过几代人的情感沉浮，带给观众共鸣与反思。那些植根于中国文化传统的情感还待寻找和守候。就如梅艳芳的歌里“醉过知酒浓，日久知情重”，经历情感坎坷，方知故乡才是情感的归宿。

在我们感动于这样一个情感故事时，作为观众也不难看出片中存在的问题。首先，人物发展全然归因于时代，性格过于扁平化，人物过于概念化。就如张晋生和梁子，观众只知道他们一个身拥财富，一个于底层挣扎，而涛的选择就变得有些苍白。贾樟柯的初衷是拍一部反映时代的片子，却过于强调时代的变迁，而对时代的挖掘不够深入。观众不知为何时代造就了这样的人物，便让故事有如流水账，对于每一个时代的刻画都是“水过地皮湿”，这些硬伤使影片叙述略显苍白，若深入挖掘则更好。

影片通过它独特的“哀愁”向观众展现它浓郁的人文关怀。涛是一种情结、一种回忆、一种像故乡一样淳朴的存在，而像她一样不曾离开的人就成了游子的故乡河山。本片大量的留白和长镜头留给观众充分的感悟空间。观众从影片中投射自己，又从自我中感悟影片用意。“我们都是时光的浪子”，于浮滚翻涌的时光的海里寻觅归处，它不在远方，它在心灵的咫尺，它是等待归人不敢改变容颜的山河，它是盼你回头不愿老去的故人。

生命间那些美丽的破碎

——田壮壮版《小城之春》读解

文/余宗霖

玉纹的春天迟迟不曾醒来，直到那个心爱的男人出现。然而现实终究无法摆脱羁绊，曾经的爱已无法重来，在三人的情感突围中悄然破碎。当耳畔响起汽笛的鸣声，她的希望经历了幻灭，也许只有用相濡以沫的亲情才能保鲜生命里那为时不多的春光。

导演田壮壮有意识地把这一故事设定在吴侬软语的江南小镇。温婉柔肠的水乡中的情感故事同样让人惋惜哀怨、百感交集：外表端庄、内心善良的女子玉纹时常独自幽怨，她与体弱多病的丈夫礼言维持着貌合神离的婚姻。看似日复一日照顾礼言，生活如静水；实则内心的痛苦无处宣泄，心如烈火般熊熊燃烧，拷问着骄阳般渴望热恋的青春。而这一切，皆止于旧情人志忱的出现——来自大上海的他风度翩翩，就连十六岁情窦初开的小妹都对他“身上的那一股劲儿”着迷。在志忱寄住的几天里，他与玉纹重新燃起爱情的火花，痛苦纠缠终究没有打破传统伦理的底线。而多愁敏感的礼言看到了三人之间的痛不欲生，试图自杀。最后，志忱选择了离开，三个人从情感的旋涡中回到生活的原点。

看完电影《小城之春》，我无法说这是一个悲剧的爱情故事，尽管它讲述的是两个重逢的情人又一次“盈盈一水间，脉脉不得语”的破碎。导演通过朴实而真诚的笔触描写了那个特定年代中三位青年的心路历程,让我读出了人性中朴素善良的爱。它超越爱情，在传统的社会秩序和礼教观念中，使生命间那些破碎的理想闪烁着美丽的灵光，缓缓流淌着人性之初的本善。

生命之间的破碎之美，美在影片中具有独特的影像风格。

玉纹这一形象的首次出现是她优美的倩影。逆光拍摄下突出了线条，省略了人物的细节，由此呈现的剪影使她唯美动人的形体跃然荧幕之上，为她在故事中凄美的命运埋下伏笔。接着第二个场面调度，镜头从上方慢慢平移，火红的春花正值灿烂，绿色的芭蕉叶在微风中轻轻摇曳，“流光容易把人抛，红了樱桃，绿了芭蕉。”镜头渐渐向下摇，与这一组浓丽色彩相迥异的是这样一户人家：深宅大院依稀可见当年的繁华，门前院落的废墟则透露出一家人隐秘的悲伤往事。这一动一静、浓丽与沉重的暗淡，触人心弦地反衬出“物是人非事事休”的现在，咏叹出韶华流逝的无尽感伤心事。

光和影的对比手法贯穿着《小城之春》的始终，这一影像在屋内和屋外尤为典型：片中的第五个场景，俯拍玉纹买菜回来进屋，开合的一扇门使镜头从屋外进入屋内。由门外的光亮到屋内的黑暗，既交代了家中的没落光景，也符合主人公玉纹的内心世界:每一个日日夜夜，只有出门买菜时短暂的散心才能化解“韶华易逝”的苦闷，踏入家门，默默服侍礼言有一种无处宣泄的痛苦，年华正好的她无奈不能自拔。

另外，影像之美在通过色彩、光影创造独特美学意蕴的同时，还通过富有形式感的框式构图传达古典的唯美诗意和类似舞台布景的效果。影片中玉纹提药回到家的一段，以夫妻两人站在画面的两侧为前景，后景的亭台恰好形成了画面的边框，夫妻两人相敬如宾、颇不自在的距离感瞬间传达出来；当玉纹独自在窗前绣花，窗棂与玉纹也形成了框式构图，又与逆光剪影结合，一位江南女子顾影自怜的典型形象令观众产生了对美的无限遐想。

生命之间的破碎之美，美在视听语言于人深层的内心感应。

戴望舒的现代诗《雨巷》中描写“丁香一样的姑娘”时用到了这样一个意象：颓圮的篱墙。那残垣断壁下绽放的花朵，在破碎中成为更让人怜爱和珍视的美丽。《小城之春》亦是如此。开场的第一个镜头，深黑色的残垣伴着杂草几乎占据了整个画面，沉郁得让人喘不过气来；接着渐渐摇向主人公玉纹，渺小的她在画面中只成了点缀。这一系列的精致的视听手法，成功地将主人公玉纹内心的压抑苦闷深入观者的内心。

留给我印象最深的是玉纹帮礼言妹妹说媒的抒情段落。男女主人公站在小城的城头，俯瞰下的小城宁和安详，微风下的他们恬静唯美，仿佛回到了白衣飘飘的青涩年代。导演只运用了单一的平移镜头，在景别上也只运用了单一的中全景，看似平淡单薄，实则深有内涵。通过了解田壮壮拍摄这部影片的背景，我发现这不仅是对1948年费穆导演的《小城之春》的致敬，更是他对于旧片翻拍使之赋予时代内涵的一次探索。五十年过去了，如今《小城之春》的画面更为精致，有较好的景深变换，但移镜头仍一以贯之——它独特、缓慢的镜头语言恰如其分地展示出中国传统爱情故事中含蓄婉转的诗意之蕴。

生命之间的破碎之美，美在叙事，美在创作者精心的剪辑。

影片主要运用了累积剪辑的方式来讲述故事。影片一开头，佣人老黄焦急地踏入礼言的书房：“少爷——少爷——”一声声呼唤，一边自语一边为礼言送去围巾。一系列动作渲染出老黄的体贴和忠心，同时也与娓娓道来的叙事风格相协调。志忱住到他们家的第一晚，玉纹默默地为他沏茶、点蜡、拿毯子，两人时而欲言又止、时而陷入沉思。这些累积细节的描写，为两人细腻的情感发展推波助澜，达到高点。

感谢田壮壮的《小城之春》唤醒了我们关于春天的美好记忆。生命中注定有几个昙花一现的轮回，它们注定会破碎。这些人，这些驻留在我们心中美丽的注定的破碎，不再是生命旅途中的过客。它们随着我们在岁月中对人生百味的咀嚼，升华为唤醒我们心中春天的力量。

北京电影学院2016艺考真题节选

1.郑正秋和张石川联合编导的中国第一部故事片是什么？
2.世界第一部有声电影出自哪一年？
3.《一一》的导演是谁？
4.由吴永刚导演，阮玲玉主演的是什么电影？
5.《黑暗之心》被改编成什么电影？
6.库布里克拍摄的最后一部电影是什么？
7.黑泽明受邀请前往苏联拍摄并获得奥斯卡最佳外语片奖的是哪部影片？
8.哪部电影由男人扮演女主角？
9.《卡里加里博士的小屋》是什么主义的代表作？
10.纯电影的提倡者是谁？
11.《功夫熊猫3》中，熊猫的中文配音是谁？
12.《少帅》中的张作霖是由谁出演？
13.《老炮儿》里的晓波由谁出演？
14.《铁臂阿童木》的原著作者是谁？
15.《少年维特的烦恼》中女主角的名字是什么？
16.诺贝尔奖文学奖的第一个获奖女作家是谁？
17.17世纪法国古典主义悲剧的奠基人和代表人物是谁？
18.提倡以白话文代替文言文的是谁？
19.《在路上》是什么派别的代表作？
20.《了不起的盖茨比》的作者是谁？
21.《三体》的作者是谁？
22.蘅塘居士编著的《唐诗三百首》的第一首是哪位诗人的作品？
23.世界上第一部长篇小说是什么？
24.《诗经》的第二篇是什么？
25.卡夫卡的作品有哪些？
26.去世女歌手惠特尼•休斯顿的首张专辑销量打破吉尼斯世界纪录，这张专辑是什么？
27.《春节序曲》的作者是谁？
28.元代“曲状元”指的谁？
29.奇迹剧是哪个剧种的变种？
30.斯坦尼斯拉夫斯基是哪国人？
31.《秦王破阵乐》中的秦王指谁？
32.法国号又叫什么号？
33.塞尚被誉为什么？
34.小孔成像出自哪里？
35.《永乐大典》是哪个皇帝在位时期编纂的？
36.青铜雕塑《人面鼎》产生于哪个时期？
37.盛唐彩塑的代表作是什么？
38.“人面鱼纹彩陶盆”属于我国新石器时代的什么文化？
39.拉菲尔的画体现了什么主义？
40.《韩熙载夜宴图》的作家顾闳中是哪一时期的？
41.《拉奥孔》区分了什么和什么的界限？
42.宋徽宗自创字体被称为什么体？
43.《亚威农少女》和《格尔尼卡》属于什么流派的作品？
44.《推销员之死》的作者是谁？
45.日内瓦会议和万隆会议的意义是什么？
46.抗日战争中的七君子分别是谁？
47.中央在2014年提出八项规定和反四风，反四风是哪四风？
48.毛泽东思想在哪个会议上被确立为党的指导思想？
49.2014年习近平在古田镇开会，85年前，古田会议在军史中作出的重大决策是什么？
50.中国首次参加维和部队是在哪个国家？
51.中国五大发展理念是什么？
52.钓鱼岛是哪个国家的？
53.南京青奥会的吉祥物砳砳是以什么为原型？
54.朝鲜的阅步兵法出自哪里？
55.马克思说，路德战胜了信神的奴役制，只是因为他用信仰的奴役制代替了它。信仰的奴隶制指的是什么？
56.ATMOS全景声电影技术是由哪家公司研发的？
57.当前IMAX3D电影放映柔镜的主要实现技术是什么？
58.NEF是哪个品牌的无损格式？
59.相机中五棱镜的作用是什么？
60.影响曝光的三个因素是什么？
61.在正常光条件下，色温调低会使照片偏什么色？
62.最早发明眼控自动对焦的是哪家公司？
63.用内置闪光灯拍夜景，要使人物景物光线都有较好的表现，快门要怎么设置？
64.柯达发明的最早的相机是什么？
65.“奉天承运”这四个字可能出现于哪个朝代？
66.《西游记》中与唐僧结拜的是哪个皇帝？
67.文艺复兴时期我国处于什么朝代？
68.让•雷诺阿与哪位台湾导演合作过？
69.特吕弗出演了斯皮尔伯格导演的哪一部好莱坞大片？
70.《VISION青年视觉》杂志是一本什么类型的杂志？
71.一度电代表多少瓦时？
72.“天价虾”事件发生在哪个城市？
73.标准键盘Y右边是什么
74.罐装百事可乐有多少毫升？
75.百事的英文拼写是什么？

76.Bigbang组合的成员都有哪些?
77.溺水不能用什么方法将积水排出?
78.人工呼吸应该每分钟做多少次?
79.2018世界杯举办地是哪个城市?
80.德国双立人品牌生产什么?
81.美国F开头的飞机是什么类型?
82.2016年1月6号南沙哪个机场进行了民航飞机试飞?
83.罗长里是哪部小说里的人物?
84.杜马是俄罗斯的什么机构?
85.来中国开巡演的冰岛乐团是哪个乐团?
86.南美洲的哪个城市最先举办夏季奥运会?
87.魔方是哪个国家发明的?
88.戈达尔晚年生活在哪个国家?
89.最早实行义务教育的是哪个国家?
90.现任国际货币基金组织的主席是谁?
91.2016年是第几届奥斯卡金像奖颁奖典礼?
92.2015年在欧洲哪个城市发生了前所未有的恐怖袭击?
93.2015年屠呦呦因发现青蒿素能治疗什么疾病而获得诺贝尔奖?
94.2016年2月，七大军区调整为几大战区?
95.2015年4月，哪个国家发生了地震?
96.2016年1月，因为台独事件道歉的是哪个女星?
97.2016年台湾大选得票比例大约是多少?
98.今年是哪场政治运动结束的40周年?
99.2015发掘的海昏侯墓是哪个年代的?
100.2016年 1月12日，中国万达集团宣布以不超过35亿美元现金（约230亿元人民币）收购美国哪一家影业公司?

小贴士:

正确理解文艺常识:

1. 文艺常识只是一个统称，包括文学、电影、广播电视、美术、音乐、舞蹈、戏剧戏曲、曲艺杂技等方面的知识，涉及面非常广。你所报考的专业涉及的可能只是其中的几个领域，所以从一开始就明确你的报考专业非常重要。

2. 文艺常识的题型包括选择题、填空题、名词解释、简答题和论述题。这大大降低了文艺常识的考试难度。但个别院校和专业有特殊考法，比如中戏的戏文专业，需要有针对性地应对。

3.艺考中，初试时常考文艺常识，这意味着文艺常识对于艺考结果不起决定性作用，而且往往拉不开分数差。往年大有文常高分、面试低分最终落榜的案例，也大有文常擦边过关、复试三试翻身拿证的案例。

4.几乎每个专业的初试都要考查文艺常识。这就决定了你必须留给文艺常识足够的学习时间，但文艺常识又不代表你艺考的全部，你需要处理好初试和复试考试内容的备考比例。

5.某个时政新闻反映的社会现象可能刚好成为你故事写作的创作蓝本，某个冷门的知识刚好成为面试时你和老师的话题之一。所以备考文艺常识，不要带着过分的功利心。

6.虽然网络上流传了很多“奇葩”的文常试题，但你要明白，这些奇葩的考题仅仅是其中一部分而已，它们所占的分数比重并不大。所以在备考阶段，不必刻意为了芝麻丢西瓜。

学习文艺常识的窍门:

1.文艺常识类的书籍，多入手，多参考。
2.每天关注新闻类门户网站，了解每一天发生的各个领域的重要事件。
3.微博关注各个行业大V，新闻代表了官方声音，微博代表的是民间声音。
4.多关注答题类电视综艺节目，积极关注这类综艺节目的题库。如《开心辞典》《一站到底》。
5.手机可以下载各种答题类APP，随身携带、边玩边学。

注意事项:

1.不要感觉像是大海捞针没有方向，你要记住，文艺常识看多了不一定都有用，但不看一定没用。

2.不要以为你看到了某一道真题，只要死记硬背这道题就可以了，一道题代表的很可能是一部分知识点，你要由点及面、逐步击破。

3.不要带着死学的心态去学习，文艺常识不是背出来的，一定要建立在理解的基础上，磨刀不误砍柴工，文艺常识也是需要慢慢消化的。

4.应该把学习文艺常识当成习惯，而不是考前恶补。

传媒艺考综合常识模拟100题

出题人/张同喜

1.抗日战争胜利七十周年纪念活动期间播放的外国电影《这里的黎明静悄悄》其作者是（ ）。
A.冈察洛夫 B.奥斯特洛夫斯基
C.高尔基 D.鲍里斯•瓦西里耶夫

2.《烈日灼心》改编自须一瓜哪部小说？（ ）
A.《太阳黑子》B.《淡绿色的月亮》
C.《蛇宫》D.《你是我公元前的熟人》

3.热映电影《捉妖记》中的“胡巴”这一形象源于中国古代哪部作品？（ ）
A.《淮南子》 B.《山海经》
C.《聊斋志异》 D.《世说新语》

4.2015年9月6日中国女排重回世界巅峰，其中获得最有价值球员的是（ ）。
A.袁心 B.朱婷 C.杨方旭 D.杨舟

5.2015年9月3日北京天安门广场阅兵是新中国历史上第15次大阅兵，总共有（ ）方队。
A.53 B.54 C.56 D.57

6.习近平同志在2015年9月3日阅兵致辞中提到的“达摩克利斯之剑”源于哪个地方的传说？（ ）
A.希腊 B.埃及 C.巴比伦 D.印度

7.联合国成立于哪一年？（ ）
A.1944 B.1937 C.1945 D.1946

8.2015年10月，屠呦呦获得诺贝尔医学奖，原因是她发明了（ ）这种药品，可以有效降低疟疾的死亡率。
A.青霉素 B.青蒿素C.红霉素D.头孢菌素

9.下列电视栏目与播出卫视对应不正确的一项是（ ）。
A.《女神新装》东方卫视
B.《偶像来了》湖南卫视
C.《中国好声音》浙江卫视
D.《笑傲江湖》北京卫视

10.2015年8月23日，刘慈欣凭借《三体》获第73届世界科幻大会颁发的（ ）。
A.雨果奖B.诺贝尔文学奖
C.星云奖D.银河奖

11.下列作品没有获得金熊奖的是（ ）。
A.《图雅的婚事》B.《白日焰火》
C.《霸王别姬》D.《红高粱》

12.日本动漫《名侦探柯南》的主人公“柯南”二字是受到下列（ ）作者的名字的启发而来的？
A.《东方快车谋杀案》 B.《黑猫》
C.《嫌疑人X的献身》
D.《福尔摩斯侦探全集》

13.英国完成工业革命的时间是（ ）。
A.19世纪上半期B.19世纪初
C.18世纪60年代 D.19世纪60年代

14.“生存还是毁灭，这是一个问题。”出自莎士比亚的哪部作品？（ ）
A.《哈姆雷特》B.《麦克白》
C.《李尔王》D.《奥赛罗》

15.黑泽明导演的作品不包括（ ）。
A.《影子武士》B.《七武士》
C.《座头市》D.《乱》

16.NHK是哪个国家的电视台？（ ）
A.韩国B.日本C.美国D.英国

17.英国一部电视剧获得吉尼斯世界纪录之“最长的科幻电视系列剧”称号，也被列入有史以来“最成功”的科幻电视系列剧，这部剧是（ ）。
A.《权力的游戏》B.《唐顿庄园》
C.《神秘博士》D.《神探夏洛克》

18.1941年12月23日，中华民国政府是和哪个国家签署的协定组建远征军抗击日本法西斯？（ ）
A.英国B.美国C.缅甸D.印度

19.2015年11月7日，海峡两岸领导人习近平、马英九在新加坡举行历史性会面，简称“习马会”，会后召开大陆新闻发布会的是谁？（ ）
A.李克强B.王毅C.张志军D.洪磊

20.以下哪部电影不是克里斯托弗•诺兰导演的？（ ）
A.《蝙蝠侠之黑暗骑士》B.《致命魔术》
C.《记忆碎片》D.《四度空间》

21.下列导演与电影作品对应正确的是（ ）。
A.格里菲斯《战舰波将金号》
B.特吕弗《筋疲力尽》
C.岩井俊二《东京物语》
D.金基德《阿里郎》

22.下列哪项作者与其作品中的人物对应不正确？（ ）
A.天下霸唱 胡八一 B.果果 白子画
C.刘慈欣 叶文洁 D.南派三叔 罗辑

23.“Why so serious”是下列哪部电影中大反派的经典台词？（ ）
A.《复仇者联盟2》B.《蚁人》
C.《蝙蝠侠之黑暗骑士》
D.《速度与激情7》

24. 第24届冬奥会将于2022年2月4日至2022年2月20日在中国北京和（ ）联合举行。
A.张家口B.石家庄C.大连D.哈尔滨

25.2015年3D动画电影《头脑特工队》以卓越的想象力与极具感染力的叙事闻名于世，这部电影是由华特•迪士尼电影工作室和（ ）动画工作室联合出品的。
A.梦工厂 B.福斯 C.皮克斯 D.蓝天

26.在莎士比亚的四大悲剧之一的《哈姆雷特》中，是下列哪个人物亲口告诉哈姆雷特有鬼魂的？（ ）
A.霍拉旭 B.奥菲利亚
C.波洛尼厄斯 D.乔特露德

27.2015年动画电影《西游记之大圣归来》片中的反派妖王原型取自（ ）里的“混沌”。
A.《淮南子》B.《山海经》
C.《西游记》D.《封神演义》

28.《山河故人》的同名主题曲是谁演唱的？（ ）
A.张碧晨 B.张靓颖
C.周笔畅 D.李宇春

29.下列哪个作家的作品没有在2015年被改编成电影或电视剧？（ ）
A.张恨水 B.桐华 C.海晏 D.须一瓜

30.哪部作品不是陀思妥耶夫斯基的？（ ）
A.《罪与罚》 B.《卡拉马左夫兄弟》
C.《赌徒》 D.《叶甫盖尼•奥涅金》

31.下列作家与作品对应正确的是（ ）。
A. 福楼拜《鲁宾逊漂流记》
B. 托尔斯泰《名人传》
C. 惠特曼《汤姆索亚历险记》
D. 法布尔《昆虫记》

32.下列哪部作品不是果戈理的？（ ）
A.《死魂灵》 B.《钦差大臣》
C.《奥勃洛莫夫》 D.《罗马》

33.冯小刚没有出演下列哪部电影？（ ）
A.《阳光灿烂的日子》 B.《功夫》
C.《甲方乙方》 D.《唐山大地震》

34.2015年厄尔尼诺现象再次席卷全球，厄尔尼诺现象对中国的影响是（ ）。
A.暖冬 昼夜温差大 B.寒冬 昼夜温差大
C.暖冬 昼夜温差小 D.寒冬 昼夜温差小

35.鲁迅先生的短篇小说《药》被收录在哪部文学集中？（ ）
A.《彷徨》 B.《呐喊》
C.《故事新编》 D.《野草》

36.苹果公司发布的Apple Watch不包括下列哪个风格？（ ）
A. Apple Watch
B. Apple Watch Sport
C. Apple Watch Editio
D. Apple Watch apps

37.以下哪组画家与作品不对应？（ ）
A.顾闳中《韩熙载夜宴图》
B.毕加索《格尔尼卡》
C.伦勃朗《夜巡》
D.米勒《埃斯泰克的海湾》

38.2015年11月21日恒大1:0战胜阿赫利夺得亚冠，哪位足球运动员踢进一球？（ ）
A.埃尔克森 B.郑智
C.高拉特 D.保利尼奥

39.“凡事预则立，不预则废”出自下列哪部书？（ ）
A.《大学》B.《中庸》
C.《论语》D.《孟子》

40.意大利新现实主义的代表作品不包括（ ）。
A.《偷自行车的人》
B.《罗马，不设防的城市》
C.《四百下》 D.《大地在波动》

41.中国武侠小说三大宗师不包括下列哪位人物？（ ）
A.梁羽生B.金庸C.古龙D.黄鹰

42.下列影片没有在2015年金马奖获奖的是（ ）。
A.《刺客聂隐娘》B.《山河故人》
C.《道士下山》D.《老炮儿》

43.获得第52届台湾金马奖最佳新导演奖的是（ ）。
A.陈玉珊B.毕赣C.相国强D.李中

44.韩国电影《思悼》中扮演英祖，即思悼世子父亲的是下列哪位著名韩国男演员？（ ）
A.河正宇 B.李政宰
C.黄政民 D.宋康昊

45.父亲节是（ ）。
A.每年六月的第三个星期日
B.每年六月的第一个星期日
C.每年五月的第三个星期日
D.每年五月的第一个星期日

46.母亲节是（ ）。
A.每年六月的第二个星期日
B.每年六月的第四个星期日
C.每年五月的第二个星期日
D.每年五月的第四个星期日

47.韩国电影《暗杀》是下列哪个导演的作品？（ ）
A.崔东勋B.洪尚秀C.张哲秀D.姜帝圭

48.路透社是哪个国家的通讯社？（ ）

A.英国B.德国C.美国D.法国

49.江苏卫视《一站到底》是由（ ）的节目 *Who's still standing* 节目改编而来。
A.英国B.德国C.美国D.法国

50.电视节目《笑傲江湖》第二季的主持人是（ ）。
A.董成鹏 B.孙宏建
C.李想 D.吴秀波

51.《魔兽世界》《星际争霸》是由哪个美国著名游戏公司开发的？（ ）
A.微软公司 B.EA公司
C.暴雪公司 D.EIDOS公司

52. 1980年发行的我国第一枚生肖邮票上的是哪种动物？（ ）
A.龙 B.马 C.蛇 D.猴

53.网络神人“叶良辰”以极其嚣张的言语，引发网络热议，该事件的事出地点是下列哪个贴吧？（ ）
A.地下城与勇士 B.英雄联盟
C.使命召唤 D.穿越火线

54.国家5A级旅游景区“瘦西湖”位于哪座城市？（ ）
A.杭州 B.扬州 C.苏州 D.武汉

55. 色盲患者最普遍的是不易区分哪两种颜色？（ ）
A.红色和黄色 B.红色和绿色
C.红色和蓝色 D.绿色和蓝色

56.下列软件不能用于截取视频的是（ ）。
A.QQ影音 B.Final Cut Pro
C.暴风影音 D.Adobe Dreamweave

57. “我和他乍相逢记不真娇模样，我则索手抵著牙儿慢慢想。”出自于下列哪部作品？（ ）
A.《桃花扇》B.《长生殿》
C.《西厢记》D.《梧桐雨》

58.岳飞的《满江红》中有“壮志饥餐胡虏肉,笑谈渴饮匈奴血”一句，“匈奴”指的是（ ）。
A.契丹B.女真C.匈奴D.鲜卑

59. 方程$x^2+y^2+2ax-by+c=0$表示圆心为C（2，2），半径为2的圆，则a、b、c的值依次为（ ）。
A. 2、4、4 B. -2、4、4
C. 2、-4、4 D. 2、-4、-4

60.对于股票市场行情的预测，通常人们用下列哪两种动物分别代表行情看涨和行情看跌？（ ）
A.牛、马 B.马、牛 C.牛、熊 D.熊、牛

61.第52届金马奖获最佳原著剧本奖的作品是（ ）。
A.《百日告别》B.《刺客聂隐娘》
C.《山河故人》D.《老炮儿》

62.第52届金马奖获得最佳男演员奖的影片其编剧有谁？（ ）
A.管虎、王朔 B.管虎、董润年
C.管虎、刘恒 D.刘恒、冯骥

63.法国国歌的作者是法国大革命时期的（ ）。
A.鲁热•德•利尔 B.比才
C.德彪西 D.柏辽兹

64.茅盾的农村三部曲是（ ）。
A.《幻灭》《动摇》《追求》
B.《春蚕》《秋收》《残冬》
C.《火花》《自由》《曙光》
D.《雾》《雨》《电》

65.小津安二郎的御用女主角是（ ），她出演过《东京物语》里的纪子。
A.原节子B.山田五十铃
C.高峰秀子D.田中绢代

66.《艰难时世》《大卫•科波菲尔》的作者是（ ）。
A.莫泊桑B.福克纳C.狄更斯D.哈代

67.开水白菜属于哪个菜系？（ ）
A.湘 B.川 C.粤 D.浙

68.中国四大菜系不包括（ ）。
A.鲁 B.川 C.湘 D.淮扬

69.中国古代的五音不包括（ ）。
A.宫B.商C.乐D.徵

70.下列哪句诗不是李白写的？（ ）
A.两岸猿声啼不尽，轻舟已过万重山。
B.孤帆远影碧空尽，唯见长江天际流。
C.会当凌绝顶，一览众山小。
D.剑阁峥嵘而崔嵬，一夫当关，万夫莫开。

71.下列气体中不能用排空气法收集的是（ ）。
A. CO_2 B.NO C.NO_2 D. NH_3

72.下列不是以外国人角度写别国文化的书是（ ）。
A.《文静的美国人》B.《菊与刀》
C.《中国人的德行》D.《文学回忆录》

73.徐浩峰导演的电影《师傅》主要是表现下列哪种武功？（ ）
A.咏春 B.铁线拳
C.太极拳 D.八卦掌

74.美国的报警电话是多少？（ ）
A.110 B.119 C.911 D.191

75.第87届奥斯卡最佳纪录长片是下列哪部作品？（ ）
A.《第四公民》 B.《海豚湾》
C.《海洋》 D.《华氏911》

76.“五岳归来不看山,黄山归来不看岳”是谁说的?( )
A.归有光 B.徐霞客 C.杨慎 D.朱耷

77.宣布对2015年11月13日巴黎恐怖袭击负责的恐怖组织是( )。
A.基地组织 B.伊斯兰国 C.东突 D.埃塔

78.《掷铁饼者》的作者是( )。
A.米隆 B.大卫 C.拉斐尔 D.米伦

79.莫奈被称为( )“绘画之父”。
A.现实主义 B.抽象主义
C.音乐流派 D.印象主义

80.下列不属于我国著名戏剧家汤显祖的“临川四梦”的有( )。
A.《牡丹亭》B.《紫钗记》
C.《南柯记》D.《杀狗记》

81.英国喜剧电影《百万英镑》是根据下列哪个文学家的同名小说改编的?( )
A.马克•吐温 B.果戈理
C.狄更斯 D.奥尼尔

82.下列关于“一带一路”战略说法不正确的是( )。
A. 2013年9月和10月，习近平同志在出访中亚和东南亚国家期间提出的。
B.内容包括丝绸之路经济带战略和海上丝绸之路经济带战略。
C.“一带一路”经济战略涵盖了18个省、自治区、直辖市。
D.新疆被定位为“丝绸之路经济带核心区”，浙江则被定位为“21世纪海上丝绸之路核心区”。

83.下列哪一个不是“朦胧诗派”的代表人物?( )
A.舒婷 B.顾城 C.海子 D.北岛

84.“铁观音”茶的原产地是( )。
A.福建 B.浙江 C.四川 D.广东

85.2015年上映的电影《火星救援》是根据谁的同名小说改编的?( )
A.安迪•威尔 B.雷•布雷德伯里
C.赫胥黎 D.罗恩•哈伯德

86.美国女作家玛格丽特•米切尔的《飘》以哪场大战作背景?( )
A.第一次世界大战 B.第二次世界大战
C.美国南北战争 D.海湾战争

87.下列不属于卢梭作品的是( )。
A.《爱弥儿》 B.《忏悔录》
C.《红与黑》 D.《社会契约论》

88.“春秋三传”除了《左传》《春秋公羊传》还包括( )。
A.《春秋》 B.《春秋外传》
C.《春秋谷梁传》 D.《战国策》

89. 桂林山水是多少面值人民币的背后图案?( )
A.20 B.50 C.10 D.1

90.侯方域和李香君是下列哪部作品的主人公?( )
A.《桃花扇》 B.《长生殿》
C.《梧桐雨》 D.《孔雀东南飞》

91.下列作家中与武侠小说无关的是?( )
A.梁羽生 B.兰陵笑笑生
C.卧龙生 D.温瑞安

92.截止到2015年11月30日，中国的电影票房已经超过( )。
A.200亿 B.300亿 C.400亿 D.500亿

93.《奇葩说》第二季的主持人不包括( )。
A.马东B.金星C.蔡康永D.高晓松

94.电视机屏幕的色彩由( )三个基本色彩组成
A.红、绿、蓝 B.红、白、蓝
C.红、白、黄 D.蓝、白、黄

95.斯诺克中哪个颜色的球分值最高?( )
A.红球 B.黑球 C.蓝球 D.黄球

96. 以下哪个景点没有运用在第五套人民币背面?( )
A.长江三峡 B.万里长城
C.布达拉宫 D.杭州西湖

97.被称为“钢琴诗人”的是( )。
A.李斯特 B.肖邦 C.莫扎特 D.舒伯特

98.中国的国际长途区号是( )。
A.86 B.886 C.01 D.010

99.2015年的除夕夜是( )。
A.腊月二十八 B.腊月二十九
C.腊月三十 D.正月初一

100.下列关于《1812序曲》说法正确的是( )。
A.作曲者是克劳兹 B.是1812年创作的
C.关于俄法战争 D.为皇室而作

参考答案:

1-5 DABBD 6-10 ACBDA
11-15 CDAAC 16-20 BCACD
21-25 CDCAC 26-30 ABDAD
31-35 DCDCB 36-40 DDABC
41-45 DCBDA 46-50 CAACB
51-55 CDABB 56-60 DCBBC
61-65 CBABA 66-70 CBCCC
71-75 BDACA 76-80 BBADD
81-85 ADCAA 86-90 CCCAA
91-95 BCDAB 96-100 BBABC

张同喜
毕业于天津师范大学广播电视编导专业，后进修于北京电影学院和中国传媒大学。《中国传媒艺考》特约撰稿人。

BOOK

传媒书屋

来源/网络

《美国纽约摄影学院摄影教材》（上下册）

内容简介 一本经久实用的教材总是引导我们去把握摄影作品与影像之外的时空所形成的各种相互冲突和相互生成的关系，从而使得视觉的权利越来越具有主体性。《美国纽约摄影学院摄影教材（上下册）》是实用而通俗的摄影入门书，很好地解答了人们对于摄影技术的疑惑。它会让你成为优秀的摄影匠，如果你继续阅读与实践，最终会成为优秀的摄影家。

作者简介 唐•谢夫（Donald Sheff），出生于美国纽约，毕业于耶鲁大学，后取得哈佛大学研究生学位。作者从事摄影教学多年，1975年到1979年，他为纽约摄影学院写作并出版了全新的摄影课程。这套课程被中国摄影出版社译成中文出版，成为摄影爱好者和摄影人学习的标准。

《故事——材质、结构、风格和银幕剧作的原理》

内容简介《故事》不同于其他流行的讲述银幕剧作手法的专著，它所论及的是形式而不是公式。麦基以一百多部影片为实例，向读者传授了一种银幕剧作的原理，它超越僵死的教条，发掘出名品佳作中那些使其卓越超群却又常常被人忽略的组成部分。麦基从基本概念入手——何为节拍？场景？场景序列？幕高潮？影片高潮？——不仅精辟地阐释了标准的三幕戏剧结构的奥妙，而且还揭开了非典型结构——如两幕、七幕、甚至八幕影片——的神秘面纱，指出了每一种类型的局限性，强调了主题、背景、气氛的重要性，以及人物和人物塑造作为一对相对概念的重要性。

作者简介 罗伯特•麦基（Robert Mckee）定期在洛杉矶、纽约、伦敦和其他欧洲城市举办“故事结构”讲习班。他身为电影艺术博士及富布赖特奖学金得主，创作有无数的电视和电影剧本作品。

《认识电影》

内容简介 本书从电影理论的典型视角出发，简明扼要地评论了电影艺术的方方面面。书中提及的影片包罗万象，组成了一道世界各地电影人的经验光谱，其中有我们熟悉的面孔如美国的斯蒂芬•斯皮尔伯格、美国的麦克•李、伊朗的阿巴斯以及中国的李安等。作者对欧美影片和导演了如指掌，尤其对美国影片和美国导演做了全面而详细的介绍。同时也很关注第三世界国家电影，书中广泛涉及了伊斯兰电影、新亚洲电影以及非洲电影。作者以鞭辟入里的分析、新颖独到的见解和纷繁多样的视觉冲击，呈现给读者一个全新的电影世界。

全书围绕电影制作的核心要素组织构架，其中穿插以数百幅精美图片和精辟说明，再加上附于各章后的延伸阅读和书末的重要词汇表，让读者在轻松的阅读过程中吸收到专业的电影知识，从而真正“认识”电影。

作者简介 路易斯•贾内梯（Louis Giannetti），美国著名电影理论家和影评人，俄亥俄州凯斯西储大学荣誉教授。他毕业于爱荷华大学及波士顿大学，20世纪60年代晚期开始讲授18世纪英语文学，后转入电影研究。他的作品雅俗共赏，内容涵盖政论、文学和戏剧等多方面，代表作有《美国电影大师》《闪回：电影简史》《戈达尔及其他：电影形式论文集》等。

《电影语言的语法》

内容简介 全球畅销三十余年并被翻译成数十种语言。

●被公认为讨论导演、摄影、剪辑等电影影像画面组织技巧方面最详实、实用的经典之作

●从实践出发阐明摄影机位、场面调度、剪辑等电影语言，为“用画面讲故事”奠定基础

●百科全书式的工作手册，囊括拍摄中的所有设计方案，如对话场面、人物运动，使初学者能够迅速掌握专业方法

●近500幅机位图、故事板贯穿全书，帮助读者一目了然地理解电影语言

●对大量经典影片的典型段落进行多角度分析，深入揭示其中激动人心的奥秘

●中国老一辈电影教育工作者精挑细选的教材，在翻译审订中投入了巨大心力，译文简明、准确、流畅，惠及无数电影人

本书是乌拉圭电影导演丹尼艾尔•阿里洪根据本人多年创作经验编写的电影叙事技巧教程，其专业性、实用性、经典性为全球各影视院校所公认。作者不对电影的拍摄工作做过多的理论论述，而是集中从实践经验入手，对制作过程中出现的种种问题加以细致精准的研究探讨，并提出行之有效的解决方案。全书涉及电影制作中如摄影机位、场面调度、剪辑等关键问题，对两个以上演员对话场面的处理、摄影机位三角形原理的运用、内外反拍等均有详细论述。全书层次分明、清晰准确，并有近500幅插图贯穿其中，便于读者充分理解和掌握。本书译者多为中国老一辈电影教育工作者，如周传基、吕锦瑗、李溪桥、裴未如等，译稿准确流畅，影响深远，被北京电影学院列为必读数目，更有人盛誉此书“开启了中国电影新时代”。

作者简介 丹尼艾尔•阿里洪（Daniel Arijon），乌拉圭电影剪辑师、编剧和导演。自1959年投身专业电影制作以来，他先后在乌拉圭、阿根廷、巴西和智利拍摄过多部新闻片、广告片、纪录片和故事片，也教授过很多电影课程，并在杂志上发表过若干专业文章。

《一个导演的故事》

内容简介 这是世界级大师安东尼奥尼的一本笔记小说，其中充满真知灼见和睿智的光芒。这些“速写”并非毫无关联的杂记和随笔，而是富有启示性和经过精挑细选的一群“叙事核心”。荒凉的海滩、空旷的郊野、平静的海面、废弃的空城和无人的街巷，通过这些视觉的“蒸馏”精粹，人们可以感受到作者象征和隐喻上的刻意求工以及极富暗示力的摄影手法，从中欣赏到一种有力度的、细节丰富的画面语言。

作者简介 米开朗基罗•安东尼奥尼（Michelangelo Antonioni），著名的意大利电影导演、摄影师兼制片人，世界级电影大师。

《荣誉》

内容简介 《荣誉》是一部影片解读著作，作者以其深厚的电影功力和对电影制作的深入了解，带领我们解读世界优秀电影，并在解读中讲授“电影编剧基础”和“电影导演基础”的相关知识。全书布局严密，由浅入深。作者文风纵横且平易质朴，文字锐利且充满激情。

作者简介 苏牧，北京电影学院教授，香港中文大学“杰出访问学者”，北京电影学院“金字奖”第二、七届评委主席。主讲“戏剧剧作基础”“电影编导基础”“影片分析”等课程。

2015年度传媒热点大事记

01月

1日，“一剧两星”政策正式实施，届时实行了10年的“4+X”政策将退出电视剧舞台。“一剧两星”是指一部电视剧最多只能同时在两家上星频道播出。

21日，“限外令”引发视频网站美剧下架。

02月

26日，根据茅盾文学奖得主、已故作家路遥先生的同名小说改编的电视剧《平凡的世界》登陆北京卫视、东方卫视。

28日，柴静雾霾调查《穹顶之下》发布。《穹顶之下》是一部由柴静自费100万左右拍摄的雾霾深度调查纪录片，费用全部来自2013年1月柴静的自传性作品《看见》一书的版税。

03月

27日，《我是歌手第三季》总决赛直播第二轮竞演，孙楠退赛，汪涵沉着救场。

04月

1日，境外剧“先审后播”开始实施。国家新闻出版广电总局下发的《关于进一步落实网上境外影视剧管理有关规定的通知》正式实施。《通知》规定，引进剧在视频网站播出有“数量限制、内容要求、先审后播、统一登记”四项主要原则。

3日，《速度与激情7》在美国上映，1580万美元午夜场票房比《速6》的午夜场票房高出两倍多。该片于12日登录中国大陆，一经上映马上火爆。成为一天中国影史最快破1亿、2亿、3亿、4亿票房纪录的影片。

05月

24日，第68届戛纳国际电影节，侯孝贤凭借《刺客聂隐娘》获得最佳导演奖。

25日，以江苏省南通市公安局刑警支队队长顾瑛为原型，真人真事改编的刑侦剧《刑警队长》在江苏卫视、重庆卫视播出。

06月

9日，古装玄幻仙侠剧《花千骨》在湖南卫视热播，收视口碑双丰收，在网络上同样引起热议。

12日，热播网络季播剧《盗墓笔记第一季》在爱奇艺播出。成为IP产品现象级作品。

07月

10日，《西游记之大圣归来》上映，62天收9.56亿票房，成为内地影史上票房最高的动画电影。

17日，开播《中国好声音第四季》，导师以周杰伦、庾澄庆、那英、汪峰组成“三生一旦”阵容。

22日，“限真令”发布，国家新闻出版广电总局发出《关于加强真人秀节目管理的通知》。

08月

23日，刘慈欣创作的科幻小说《三体》三部曲，又名“地球往事”三部曲，获“雨果奖”最佳长篇故事奖，让国人为之一震。它讲述了地球文明在宇宙中的兴衰历程，吸引和造就了无数科幻迷，也将中国科幻推上了世界的高度，它是中国科幻文学的里程碑之作。

09月

1日起，新《广告法》开始实施。除了童星（不满十周岁）不能代言，还设置了一个词库，许多极限词语都不能出现在广告词中。

3日，新中国首次在国庆节以外举行声势浩大的国家级大阅兵，纪念70年前中国抗日战争和世界反法西斯战争的伟大而光辉的胜利。此次阅兵共有11国派方队，6国派代表参加阅兵。

截至9月16日，《捉妖记》累积票房达24.38亿，观影人次超65425600人次，打破内地影史票房纪录以及内地观影人次纪录。

19日，由胡歌、刘涛、王凯、黄维德、陈龙、吴磊等联袂主演的古装传奇巨制《琅琊榜》登陆北京、东方两大卫视黄金档，期待了四年之久的《琅琊榜》终于被搬上荧幕而备受关注。作为一部讲述了麒麟才子梅长苏以病弱之躯智博奸佞，为昭雪多年冤案所进行的一系列斗争的正剧，被称为今年IP剧市场大作。

10月

9日，《夏洛特烦恼》的排片和单日票房，均再创新高，全天拿下超过50%的票房1.2亿，这个成绩让“夏洛”成为了国庆7天的票房冠军。

12日，中法合拍片《狼图腾》因主创署名比例不合规定，无缘申报第88届奥斯卡金像奖最佳外语片，因此由《滚蛋吧！肿瘤君》替换。

16日，主持节目《康熙来了》长达12年的蔡康永在个人微博中宣布“退出康熙”，为导演电影处女作做全力准备，随后小S表示与其共进退，引得坊间一片哗然。

17日，北京电影学院举行中国电影诞生110周年暨新中国电影教育65周年、北京电影学院建校65周年系列纪念活动。

21日，习近平主席访问英国期间，中英签署《关于电影合作的谅解备忘录》（简称备忘录），该备忘录成为习主席访英期间“创意产业展示”的内容之一。

11月

10日，天猫联手湖南卫视推出一档从制作到阵容堪比春晚的“双11”晚会，而每年都与天猫“较劲”的京东当然也不甘落后，立马也宣布要联合灿星制作在央视3套推出京东的“双11”晚会。

21日，第52届台湾电影金马奖，导演冯小刚“重出江湖”凭《老炮儿》获影帝，林嘉欣“爆冷”夺影后，获得10项提名的《醉•生梦死》斩获最佳女配角、最佳新演员、最佳剪辑、最佳原创音乐4项大奖，92岁高龄的著名女演员李丽华获得终身成就奖。侯孝贤执导的武侠片《刺客聂隐娘》压倒性领跑，摘得最佳影片、最佳导演等五大奖项，成为最大赢家。

30日，由郑晓龙执导，孙俪主演的2015古装巨制《芈月传》在北京、东方两大卫视首播。

12月

18日，《万万没想到：西游篇》《寻龙诀》上映，2015贺岁档正式拉开序幕。《万万没想到》系列剧的成功开创了新的网络喜剧的先河，影片保留了原有《万万没想到》的风格，结合了近些年火热的西游题材。《寻龙诀》改编自天下霸唱的著名网络奇幻小说《鬼吹灯》，相信《鬼吹灯》超高质量的内核、强大的主创阵容、优良的特效制作能够保证此片各方面的高水准，有望创造下一个票房奇迹。

2015年度好综艺节目

节目名称	节目形式	制作单位	播出平台	主持人（嘉宾）
《奔跑吧，兄弟》第三季	大型明星户外竞技真人秀	浙江卫视	浙江卫视、爱奇艺	邓超、Angelababy、李晨、陈赫、郑恺、王祖蓝、鹿晗
《快乐大本营》	嘉宾访谈游戏综艺秀	湖南卫视节目制作中心	湖南卫视、爱奇艺、芒果TV	何炅、谢娜、李维嘉、杜海涛、吴昕
《奇葩说》	说话达人秀	爱奇艺	爱奇艺	马东主持，蔡康永、金星担任导师
《金星脱口秀》	大型时尚文化脱口秀	灿星制作	东方卫视、搜狐视频	金星
《笑傲江湖》第二季	大型原创喜剧真人秀	东方卫视	东方卫视	孙建弘
《极限挑战》	大型励志体验真人秀	东方卫视	东方卫视、爱奇艺、优酷、土豆、腾讯视频、搜狐视频、PPTV、乐视、风行网	黄渤、孙红雷、黄磊、罗志祥、王迅、张艺兴
《挑战者联盟》	大型原创职业体验真人秀	浙江卫视、华策影视、中喜传媒	浙江卫视、爱奇艺、腾讯视频、优酷、搜狐视频、PPTV、乐视等	范冰冰、吴亦凡、李晨、林更新、董成鹏、陈汉典
《我是歌手》第三季	顶级歌手音乐巅峰对决	湖南卫视	湖南卫视、芒果TV	首发歌手：陈洁仪、张靓颖、胡彦斌、黄丽玲、孙楠、韩红、古巨基
《中国好声音》第四季	大型励志专业音乐评论	浙江卫视、灿星制作	浙江卫视、搜狐视频、腾讯视频、中国蓝TV、蓝莓视频	明星导师：周杰伦、庾澄庆、那英、汪峰
《今晚80后脱口秀》	高端文化脱口秀欧美风格脱口秀	东方卫视	东方卫视、爱奇艺、搜狐视频、腾讯视频、乐视、PPTV	王自健
《欢乐喜剧人》	明星喜剧竞赛真人秀	欢乐嘉娱、华录百纳、东方卫视	东方卫视、乐视、华数TV、土豆、腾讯视频、优酷	主持人：吴秀波 选手：贾玲、宋小宝、沈腾、吴君如、刘仪伟、乔杉、修睿等
《世界青年说》	谈话类	江苏卫视、好看传媒	江苏卫视、爱奇艺、优酷、搜狐视频、乐视、腾讯视频	彭宇、沈凌
《一站到底》	大型生活服务类益智答题类	江苏卫视	江苏卫视、江苏教育电视台、爱奇艺、搜狐、乐视、腾讯视频、PPTV	李好、郭晓敏
《爸爸去哪儿》第三季	亲子户外真人秀	湖南卫视节目制作中心	湖南卫视、芒果TV	李锐、刘烨父子、胡军父子、邹市明父子、林永健父子、夏克立父女、王宝强父女
《开讲啦》	青年电视公开课	CCTV-1综合、唯众传媒	CCTV-1、CCTV-2	撒贝宁
《中国梦想秀》第九季	圆梦类真人秀	浙江卫视	浙江卫视、新蓝网、蓝莓视频	周立波
《非你莫属》	大型职场招聘、求职	天视卫星公司	天津卫视	黄健翔、涂磊、徐睿
《挑战不可能》	大型励志挑战	央视创造传媒有限公司	CCTV-1首播，CCTV-2、CCTV-3、CCTV-15重播	
《中国好歌曲》第二季	原创音乐真人秀	灿星制作	CCTV-3	尼格买提、李佳明
《变形计》	生活类角色互换纪录片	湖南卫视	湖南卫视、芒果TV	王姬、魏哲浩
《我是演说家》	语言竞技真人秀	北京能量影视传播股份有限公司	北京卫视、爱奇艺、优酷、乐视、腾迅视频、搜狐视频	张卫健、刘嘉玲、陈鲁豫、乐嘉、华少
《中国汉字听写大会》第三届	大型原创文化类	中央电视台、国家语委	CCTV—1、CCTV—10	冀玉华
《喜乐街》	即兴喜剧真人秀	央视创造传媒有限公司	央视网、爱奇艺、乐视、腾讯视频	王雪纯

2015年度好电影

电影名称	上映时间	导演/编剧	出品公司	类型	获奖情况
《鸟人》（Birdman）	2014年10月17日	亚利桑德罗•冈萨雷斯•伊纳里图/亚利桑德罗•冈萨雷斯•伊纳里图、尼可拉斯•迦科波恩	福斯探照灯公司	喜剧 剧情	第71届威尼斯国际电影节：最佳影片（金狮奖）提名 第87届奥斯卡金像奖：最佳影片、最佳导演、最佳原创剧本、最佳摄影
《捉妖记》	2015年7月16日	许诚毅、钱文锜/袁锦麟	蓝色星空影业、安乐影片有限公司、北京数字印象文化传播有限公司等	剧情 喜剧 奇幻	
《十二公民》	2015年5月15日	徐昂/李玉娇、徐昂、韩景龙	北京聚本文化传媒有限公司	剧情 推理 悬疑 犯罪	第18届上海国际电影节：最佳影片奖
《烈日灼心》	2015年8月27日	曹保平/曹保平	蓝色星空影业、博纳影业集团	犯罪 悬疑 剧情	第18届上海国际电影节：最佳导演奖、最佳男演员奖
《我是路人甲》	2015年7月3日	尔冬升/尔冬升	无限映画电影制作有限公司	剧情	第2届文荣奖：年度致敬大奖
《狼图腾》	2015年2月19日	让•雅克•阿诺/让•雅克•阿诺、约翰•科旦、芦苇	中影股份有限公司、紫禁城影业、荷贝拉艺公司(法)	剧情 冒险	第30届中国电影金鸡奖：最佳故事片
《战狼》	2015年4月02日	吴京/吴京、刘毅、纷舞妖姬、最后的卫道者	春秋时代（天津）影业有限公司、北京登峰国际文化传播有限公司	动作 战争 军事	第18届上海国际电影节：组委会特别奖 第30届中国电影金鸡奖：最佳故事片（提名）
《煎饼侠》	2015年7月17日	董成鹏/董成鹏、苏彪	搜狐视频、新丽传媒、万达影业	喜剧 科幻 爱情	第11届中美电影节“金天使奖”
《西游记之大圣归来》	2015年7月10日	田晓鹏/田晓鹏	横店影视、天空之城、燕城十月、微影时代	神话 动画	第30届中国电影金鸡奖：最佳美术片 第12届中国动漫金龙奖：最佳动画长片（金奖）、最佳动画导演
《夏洛特烦恼》	2015年9月30日	闫非、彭大魔/闫非、彭大魔	开心麻花、新丽电影、腾讯视频、万达影视	喜剧 爱情 青春	
《港囧》	2015年9月25日	徐峥/徐峥、束焕、苏亮、赵英俊、邢爱娜	北京真乐道文化传播有限公司、北京光线影业有限公司、山南光线影业有限公司	喜剧 爱情	获得第11届中美电影节“金天使奖”
《九层妖塔》	2015年9月30日	陆川/陆川	中国电影股份有限公司、北京电影制片分公司	冒险 动作	获得第11届中美电影节“金天使奖”
《心迷宫》	2015年10月16日	忻钰坤/忻钰坤、冯元良	北京太合娱乐文化发展股份有限公司、北京海平面影视文化传播有限公司	悬疑 剧情	第71届威尼斯国际电影节 影评人单元 影评人最佳新锐导演奖
《山河故人》	2015年10月30日	贾樟柯/贾樟柯	上影集团、西河星汇、MK2电影公司、润锦投资 北野武事务所	剧情 家庭	第68届戛纳电影节主竞赛单元金棕榈奖（入围） 第52届台湾电影金马奖：最佳原创剧本 第63届圣塞巴斯蒂安国际电影节：公众大奖
《解救吾先生》	2015年9月30日	丁晟/丁晟	北京功做事影视文化有限公司	动作 犯罪 剧情	

《寻龙诀》	2015年12月18日	乌尔善/张家鲁	万达影视传媒有限公司、华谊兄弟、光线传媒	动作悬疑惊悚奇幻冒险	
《我的少女时代》	2015年11月19日	陈玉珊/曾咏婷	玉春雷娱乐、华联国际、华策影业、台湾映艺娱乐	青春爱情喜剧	第52届台湾电影金马奖：最佳女主角奖（提名）、最佳新导演奖（提名）
《刺客聂隐娘》	2015年8月27日	侯孝贤/朱天文、阿城、侯孝贤	光点影业（中国）	古装动作剧情	第68届戛纳电影节（金棕榈奖）：最佳导演奖
《闯入者》	2015年4月30日	王小帅/王小帅、方镭、李非	冬春文化、银润传媒、合润传媒、安乐电影、引力影视投资、重庆电影集团	剧情犯罪	第8届亚太电影大奖：最佳女主角 第71届威尼斯国际电影节（提名）
《一个勺子》	2015年11月20日	陈建斌/陈建斌	山东嘉博业余时间影视、儒意影业、北京蓝钻文化等	喜剧冒险	第51届台湾电影金马奖：最佳新导演、最佳男主角 第30届中国电影金鸡奖：最佳导演处女作奖
《老炮儿》	2015年12月24日	管虎/管虎、董润年	华谊兄弟传媒股份有限公司	剧情动作	第52届台湾电影金马奖：最佳男主角
《师父》	2015年12月10日	徐浩峰/徐浩峰	北京世纪伙伴文化传媒股份有限公司、合一影业有限公司	动作功夫剧情	第52届台湾电影金马奖：最佳动作设计、最佳改编剧本（提名）
《滚蛋吧！肿瘤君》	2015年8月13日	韩延/袁媛、张维重	万达影视传媒有限公司、果实电影、北京力比多文化传媒有限公司	喜剧励志爱情	第11届中美电影节“金天使奖”
《重返20岁》	2015年1月8日	陈正道/林小革、任鹏	北京文传世纪文化传媒有限公司	喜剧亲情爱情奇幻	
《万万没想到》	2015年12月18日	叫兽易小星/叫兽易小星	万合天宜、合一影业、三次元影视、亨东影业、果麦文化、博纳影业	喜剧奇幻古装	

2015年度好纪录片

纪录片名称	导演	获奖情况	时长	内容简介
《穹顶之下》	柴静		103分钟55秒	通过现场调研、查阅文献和拜访专家的方式，形象化地对雾霾的构成与危害做了解读，告诉观众如何为治理雾霾去做些什么
《湾生回家》	田中实加	第52届台湾金马奖：最佳纪录片（提名）	111分钟	追寻多位日治时期在台出生的日人回台寻根的过程
《那时 此刻》	杨力州	第52届台湾金马奖：最佳纪录片（提名）	110分钟	从经典到潮流、强人到百姓，每个人的金马故事
《我的诗篇》	吴飞跃 秦晓宇	第13届上海国际电影节金爵奖：最佳纪录片	110分钟	通过互联网寻找到六位特殊的工人，用诗书写劳动、吟咏爱情，也用诗抒发悲欣、直面死亡
《汾阳小子贾樟柯》	沃尔特•塞勒斯	第18届上海国际电影节金爵奖：最佳纪录片	102分钟	影片追踪了贾樟柯在世界各地的艺术活动，采访了贾樟柯的亲友、同学、台前幕后合作者，旨在近距离了解贾樟柯的创作思路及成长过程
《龙老》	蒋能杰		58分钟	2013年纪录片《龙老一生》的续集，龙老在耄耋之年，面对着镜头回顾自己的一生：抓壮丁参军、转战南北、妻子另嫁、松山战役、接受日本投降等
《喜马拉雅天梯》	萧寒 梁君健		88分钟	索朗多吉、普布顿珠等主演的首部纪录珠峰攀登全程的4K超高清极限纪实电影
《那日下午》	蔡明亮	入围第72届威尼斯电影节非竞赛展映单元	137分钟	蔡明亮与李康生在一个废墟里的对谈收录，展现了两人二十多年的友谊
《第三极》	曾海若	入围第72届威尼斯电影节非竞赛展映单元	46分钟 共6集	全面反映青藏高原人与自然和谐相处的大型涉藏电视纪录片，中国首部4K超高清大型纪录片

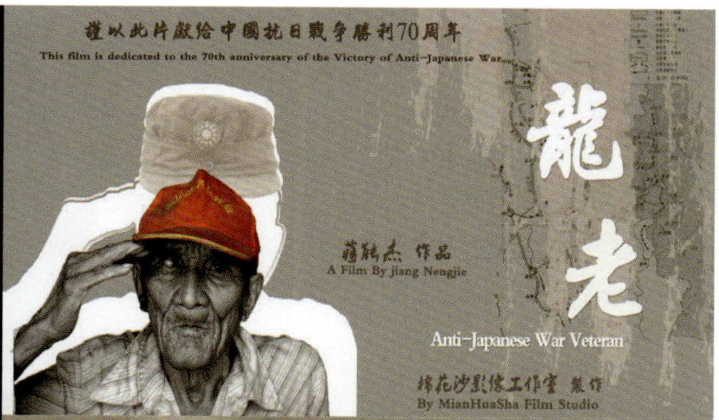

2016年传媒新鲜热词

一剧两星：是指一部电视剧最多只能同时在两家上星频道播出，该政策于2015年1月1日起实施，届时实行了10年的“4+X”政策退出电视剧舞台。

IP电影： IP就是Intellectual property，即知识产权。知识产权包括专利权、商标权、著作权、版权，对于版权来说，可以是一首歌，一部网络小说、话剧，或是某个人物形象，甚至只是一个名字、短语，把它们改编成电影的影视版权，就可以称作IP电影了。

大数据分析： 是指对规模巨大的数据进行分析。大数据可以概括为5个V， 数据量大(Volume)、速度快(Velocity)、类型多(Variety)、Value（价值）、真实性(Veracity)。

数据新闻： 又叫数据驱动新闻。是指基于数据的抓取、挖掘、统计、分析和可视化呈现的新型新闻报道方式。数据新闻是随着数据时代的到来出现的一种新型报道形态，是数据技术对新闻业全面渗透的必然结果，它的出现在一定程度上改变了传统新闻生产流程。

弹幕： 读音dàn mù，指密集发射的弹雨。大量以字幕形式显示的评论同时出现的现象也被称为弹幕。在观看网络视频或者电视直播的时候，当大量评论从屏幕飘过时的效果看上去像是飞行射击游戏里的弹幕，所以将这种大量评论出现的效果叫作弹幕。“弹幕视频”顾名思义即带有“弹幕”的视频。

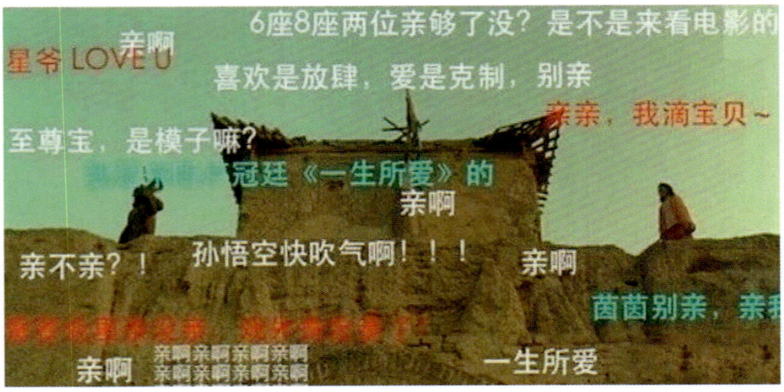

二次元： 二次元，即二维。“次元”即“维度”，是dimension的两种翻译。这一用法始于日本，早期的动画、游戏作品都是以二维图像构成的，其画面是一个平面，所以被称为是“二次元世界”，简称“二次元”，而与之相对的是“三次元”，即“我们所存在的这个次元”，也就是现实世界。

明星合伙人： 明星与企业联合开发明星专属产品，摒弃以往单纯代言模式，借助明星提升品牌好感度和产品销售量。明星以个人品牌成为企业合伙人，与企业共同开发产品，双方共同对产品从设计到销售的全过程负责，共同分担产品推广的责任，共同分享产品销售的收益。明星合伙人制度将明星与企业捆绑在一起，“一荣俱荣，一损俱损”。

众筹电影： 电影众筹，即电影项目筹资发起人在众筹平台发起项目众筹，在预设的时间内达到或超过目标金额即是成功。没有达到目标的项目，支持款项将全额退回给所有支持者。筹资项目完成后，网友将得到发起人预先承诺的回报，或是电影票，或是作品刻碟等都可以。

互联网+： 通俗来说，“互联网+”就是“互联网+各个传统行业”，但这并不是简单的两者相加，而是利用信息通信技术以及互联网平台，让互联网与传统行业进行深度融合，创造新的发展生态。“互联网+”是创新2.0下的互联网发展的新业态，是知识社会创新2.0推动下的互联网形态演进及其催生的经济社会发展新形态。“互联网+”是互联网思维的进一步实践成果，它代表一种先进的生产力，推动经济形态不断地发生演变，从而带动社会经济实体的发展，为改革、创新、发展提供广阔的网络平台。

自媒体： 外文名：We Media，又称“公民媒体”或“个人媒体”，是指私人化、平民化、普泛化、自主化的传播者，以现代化、电子化的手段，向不特定的大多数或者特定的单个人传递规范性及非规范性信息的新媒体的总称。自媒体平台包括：博客、微博、微信、百度官方贴吧、论坛/BBS等网络社区。

艺考面试着装技巧

编导、播音主持、表演专业的考生都希望能通过面试环节给考官老师留下好印象，首先是通过着装展示自己的审美品位及气质修养。当然，老师最看重的是学生的专业水平。面对老师轻松自如、大方得体地表现出内涵和修养，比任何漂亮的着装更能获得老师的青睐。

着装是面试中的点睛之笔，考生需要花费一些心思来准备最适合自己的着装。

一、发型

保持干净，头发不要染烫。

男生:发型清爽利落，不要留长刘海，也不要用发胶做夸张的造型。

女生:头发尽量不要散着，容易给人不精神的印象，扎个清爽的马尾，短发的刘海不要遮挡眼睛，选择适合自己的发型。

二、化妆

男生：不用化妆。播音主持专业和表演专业的考生可适当打底，有利于上镜。

女生：播音主持专业和表演专业的考生可以选择清淡的裸妆，切记不要化浓妆，也不要佩戴彩色隐形眼镜。

由于艺考时间在冬季，着装应首先注重保暖性。面试时可脱去棉衣，以免显得臃肿。可选择白衬衫搭配连衣裙或者毛衣，款式不要成熟复杂，适合自己是最重要的。

三、饰品

切忌夸张显眼的饰品，原则上能免则免。

四、服装

服装要整洁大方，不要奇装异服，不要过分追求潮流、过分成熟，也不要邋邋遢遢；注重整体的协调；发掘最适合自己的颜色，注重颜色的搭配，展现出学生应有的青春活力和阳光健康。

鞋子的选择上，应保持干净整洁，鞋跟不要过高，在3—5厘米之间为佳。

播音主持专业考生服装不要过于休闲，一般选择偏正式的西装。

下面精选了部分图片供学生参考：（图片均来源于网络）

总之，考官更喜欢单纯朴素的学生，表现出学生的朝气蓬勃，考生只要大方应对考官的问题就可以。

艺考必备物品list

考试物品：

1.身份证。

2.身份证复印件10份，正反面在一张A4纸上，并不断补充。

3.艺术报考证（准考证）原件。

4.艺术报考证（准考证）复印件10份，并不断补充。

5.近期同底半身一寸正面免冠相片，红底及蓝底电子版各一份，洗印各20张，不断补充。

6.黑色签字笔一盒，用于填表、考试等。

7.2B铅笔若干，橡皮。

8.考试服装（正装、舞蹈服等）。

9.才艺展示相关物品，视自身情况而定。

学习资料：

1.参考书籍资料，多利用空闲时间补充知识，不宜过多。

2.日程计划表，自己做好考试期间的日程安排，每天都要留出学习时间。

3.每天抽空阅读新闻，很多文艺常识和热点评论内容都会从近期新闻中取材。

4.记事本一个，便于携带和记录。

小工具：

1.U盘一个。存储电子版照片，音乐舞蹈专业的同学要存储考试需要的音乐。音乐要多存几份，邮箱、手机可以都存一份。

2.各种小工具，如剪刀、胶棒、美工刀等。

3.文件夹，存放各种文件纸张、准考证等。

4.手机、耳机、充电器、读卡器、数据线，手机话费多充点。

5.口香糖以及一些自己爱吃的小糖果，吃些糖果有助于保持好心情。

6.面巾纸、湿巾。

7.保温水杯，考试期间喝热水。

8.饼干、面包等零食，充饥用。

9.现金若干，报考前若需现场缴费要提前准备好零钱。

10.银行卡，现金不建议携带太多。

11.最后建议所有关于考试内容的物品放在一起，单独放进一个包里，方便携带。

其他：

化妆品、应急药品等，视自身情况而定。

艺考生家长的八个准备

面对孩子一生中最重要的大考之一，家长一定和自己的孩子一样紧张和兴奋。但是作为艺考生的家长，除了要积极关心孩子的学习情况以外，还必须知道基本的艺考常识，以便能正确地帮助孩子。

1.掌握本省2016年的艺术类考试规章制度。一般各省教育招生考试院会在2015年11月份陆续发布《2016年普通高等学校艺术类招生办法》《2016年艺术类省统考考试通知》等政策性文件，家长们要从中了解2016年艺考的报名时间、报名流程、考试时间、考试地点、成绩查询时间及方式等信息。

2.了解2016年全国校考院校在本省的招生专业、招生计划、报名时间、报名地点、考试时间、考试地点，帮助孩子选择院校并制定考试时间安排表。

3.学会分辨高校的档次。一般艺术类院校分为3大类，一是专业的艺术院校，比如中央戏剧学院、北京电影学院、中国传媒大学、中国戏曲学院、南京艺术学院等;二是综合性大学的艺术类专业，比如北京工业大学、中央民族大学等的艺术类专业，三是师范类大学的艺术类专业，比如北京师范大学、东北师范大学等的艺术类专业。在为孩子选择院校的时候，一定要拉开院校梯度，比如专业院校考几个，综合性大学考几个，这样会增加考生的录取概率。

4.学会查询各高校在本省近几年的艺术类录取情况。主要包括历年的专业合格线、文化课录取线、在本省的招生人数等对考生报考具有决定性参考意义的信息。一般各高校都会在高校官方网站上公布这些信息，为了保证数据的准确性，建议家长在高校官网查询信息。

5.主动帮助孩子查询考试成绩。各高校艺术类考试成绩会在4月份左右开通查询，为了节省考生宝贵的文化课冲刺时间，建议家长主动承担帮助孩子查成绩的事情，不要让考生为查成绩而分心。

6.了解孩子的文化课成绩。随着新课改的实施，艺术生文化课分数也在逐年提高，很多艺考生都是因为文化课不过线而落榜，家长应从班主任那里了解孩子的文化课成绩，并制定相应的备考方案。如果文化课成绩低于350分以下，就要让孩子在学习专业的同时持续不断地学习文化课。

7、从心态上积极引导孩子。艺术生在紧张的学习和考试压力下，容易产生焦虑、恐惧考试等心理，家长们应经常和孩子沟通并经常鼓励孩子，充分发挥家长的引导作用。

8.了解填报志愿的基本常识和流程。艺术类考生填报志愿不同于文化生，家长们要从孩子已经拿到艺术类合格证的院校中选择填报志愿。需要特别注意的是，艺术生的第一志愿非常重要，一般情况下，艺术类高校的调剂率是非常低的，所以，最好选择孩子专业课成绩最好的院校作为第一志愿填报。

最后祝各位考生金榜题名，考入理想的大学！